Horst Dreier
ad Hans Kelsen

EVROPA

Horst Dreier

ad Hans Kelsen
Rechtspositivist und Demokrat

Europäische Verlagsanstalt

Bibliografische Information der Deutschen Nationalbibliothek
Die Deutsche Nationalbibliothek verzeichnet diese Publikation in der Deutschen Nationalbibliografie; detaillierte bibliografische Daten sind im Internet über http://dnb.d-nb.de abrufbar.

Umschlaggestaltung und Satz: Christian Wöhrl, Hoisdorf
Signet: Dorothee Wallner nach Caspar Neher »Europa« (1945)

Printed in Germany

ISBN 978-3-86393-114-8

Auch als E-Book erhältlich, ISBN 978-3-86393-570-2

Informationen zu unserem Verlagsprogramm finden Sie im Internet unter www.europaeische-verlagsanstalt.de

Inhalt

Joh 18, Wertrelativismus und Demokratietheorie

Zur Einführung

I.

Hans Kelsen gilt nicht wenigen als der bedeutendste Jurist des 20. Jahrhunderts. Dieser Ruhm verdankt sich in erster Linie seiner epochalen „Reinen Rechtslehre“ (1. Aufl. 1934, 2. Aufl. 1960)[1], der gewiß scharfsinnigsten und elaboriertesten Theorie des Rechtspositivismus. Darin besteht zweifelsohne das zentrale Vermächtnis Kelsens. Dennoch ist er sehr viel mehr als ein außerordentlicher Jurist und überragender Rechtstheoretiker. So war er maßgeblich an der Ausarbeitung der österreichischen Bundesverfassung von 1920 beteiligt, die zum ersten Mal in der modernen Verfassungsgeschichte die Einrichtung einer organisatorisch und funktionell selbständigen Verfassungsgerichtsbarkeit vorsah. Zwei Jahrzehnte später verfaßte Kelsen eine große soziologische Studie über „Vergeltung und Kausalität“ (1941), die dem Wandel der Denkstrukturen von den frühen archaischen Stammesgesellschaften über die klassische Antike bis hin zur Neuzeit und der Moderne

1 Die genauen bibliographischen Angaben zu den im folgenden genannten Werken finden sich in der Auswahlbibliographie Kelsens am Ende dieses Bandes.

nachspürt. Zeit seines Lebens setzte er sich kritisch mit allen denkbaren Erscheinungsformen des Naturrechts auseinander, angefangen von den griechischen Klassikern Platon und Aristoteles über die christlichen Denker des Mittelalters bis hin zu Vertretern der Sozialphilosophie der Aufklärung und der Neoscholastik. Davon legt neben vielen weiteren Schriften nicht nur seine Abschiedsvorlesung über die Frage: „Was ist Gerechtigkeit?“ (1953) Zeugnis ab, sondern auch die postum erschienene Monographie „Die Illusion der Gerechtigkeit“ (1985). Breiten Raum nimmt in seinem Gesamtwerk zudem das Völkerrecht ein, wobei er nicht nur dessen theoretische Grundlagen traktierte, sondern auch den ersten, knapp tausend Seiten starken Kommentar zur UN-Charta von 1945 verfaßte („The Law of the United Nations“, 1950). Besonders in seinen frühen Schaffensperioden hat er sich immer wieder verfassungspolitischen Fragen gewidmet, namentlich Problemen des Wahlrechts, der bundesstaatlichen Organisation und der Verfassungsreform, und diese in engagierten Beiträgen kommentiert. Vor allem aber ist Kelsen ein eminenter Demokratietheoretiker, dessen Schrift „Vom Wesen und Wert der Demokratie“ (2. Aufl. 1929) auf den Prämissen individueller Freiheit und gesellschaftlicher Pluralität aufbaut und schon darin ihre Modernität und Aktualität offenbart. Sie gilt zu Recht als eine der wichtigsten Demokratiebegründungsschriften überhaupt.

II.

Die vorliegende Zusammenstellung von drei Aufsätzen zu Kelsen kann und will nicht den Anspruch erheben, sein riesiges und facettenreiches Gesamtwerk auch nur annähernd zu durchdringen und umfassend darzulegen. Es geht vielmehr darum, zu zentralen Elementen seines Œuvres einen ersten Zugang zu eröffnen und dadurch seine Positionen und Leistungen ansatzweise erkennbar werden zu lassen. In diesem Sinne einer Hin- und Einführung bietet der erste Beitrag („Hans Kelsen 1881–1973") neben einer knappen biographischen Skizze einen Überblick über die wichtigsten Aspekte seines Schaffens. Im Mittelpunkt steht naturgemäß die „Reine Rechtslehre", deren zentrale Elemente (wie die Stufenbaulehre und die Interpretationstheorie) ebenso vorgestellt werden wie die schillernde Figur der Grundnorm, die in dieser Theorie des Rechtspositivismus eine ähnliche Rolle spielt wie die *volonté générale* in Jean-Jacques Rousseaus „Contrat Social".

Die beiden folgenden Beiträge konzentrieren sich auf Kelsens Demokratietheorie. Diese Schwerpunktsetzung verdankt sich zum einen der Überlegung, daß seine diesbezüglichen Schriften gerade in Deutschland sehr spät (fast noch später als seine ebenfalls lange Zeit entweder kaum beachtete oder geschmähte Rechtstheorie) rezipiert worden sind, nämlich erst in den 1980er Jahren. In der Politikwissenschaft hat es noch einmal zwei Jahrzehnte länger gedauert, bis auch dort die Bedeutung und Modernität von Kelsens pluralistisch-liberaler Demokratiekonzeption erkannt und gewürdigt wurde. Zum anderen scheint es gerade in unseren Tagen angesichts bedrohlicher antiliberaler und antidemokratischer Tendenzen selbst im Herzen Europas wichtiger denn je zu sein, sich auf die Grundlagen einer demokratischen Ordnung, ihre gedanklichen Prämissen und ihre konzeptionellen Tragpfeiler zu besinnen. Der Beitrag über „Kelsens Demokratietheorie" entfaltet demgemäß vor allem die sozialphilosophischen Grundlagen und systemtragenden Strukturelemente von Kelsens Demokratieverständnis, die durch die Kontrastierung mit dem Gegenmodell Carl Schmitts noch einmal stärkeres Profil gewinnen.

Der dritte und letzte Beitrag widmet sich vertieft dem Wertrelativismus als einem zentralen Element in Kelsens Demokratiebegründung. Hier dient als Kontrastfolie vornehmlich die Position des überaus prominenten Wertrelativismus-Kritikers Josef Kardinal Ratzinger, des späteren Papst Benedikt XVI. Diese Gegenüberstellung liegt nicht allein deswegen nahe, weil der katholische Theologe Ratzinger sich wiederholt dezidiert kritisch zu Kelsen geäußert hat, sondern auch, weil Kelsen sich in seinen einschlägigen Schriften mehrfach auf die im 18. Kapitel des Johannes-Evangeliums geschilderte biblische Szene bezieht, in der Jesus vor dem römischen Statthalter Pontius Pilatus erscheint und dieser die berühmte Frage „Was ist

Wahrheit?" an ihn richtet. Die Pointe liegt darin, daß Kelsen aus dieser Geschichte und ihrem Fortgang ein Argument *für* den Wertrelativismus zu schmieden versteht.

III.

Einführungen in die Werke bedeutender Autoren wollen erste Einblicke gewähren, aber vor allem auch zu vertieftem weiteren Studium anregen. Diesem Zweck dienen zum einen die Anmerkungen zu den drei Beiträgen, zum anderen die Auswahlbibliographie Kelsens sowie die Hinweise zur Sekundärliteratur. Dieses Material findet sich am Ende des vorliegenden Büchleins und soll eine gezielte Vertiefung ermöglichen. Besondere Hervorhebung verdient hierbei die jüngste dort verzeichnete Publikation, nämlich die 2020 erschienene, rund tausend Seiten starke Biographie Kelsens von Thomas Olechowski („Hans Kelsen – Biographie eines Rechtswissenschaftlers")[2]. Für Leben und Werk Hans Kelsens stellt dieses maßstabsetzende Buch mit seiner geschickten Verschränkung von Lebens- und Werkgeschichte eine unerschöpfliche Fundgrube dar. Kelsen war ein langes, ein bewegtes – und auch bewegendes – Leben beschieden. Es war ein weiter Weg vom Wien des *fin de siecle* bis nach Kalifornien in Zeiten von *flower power.* Allein die Spanne seiner Publikationen er-

2 Vgl. dazu *meine* Rezension: Das Recht, so wie es ist, in: Frankfurter Allgemeine Zeitung Nr. 194 vom 21. August 2020, S. 10.

streckt sich über mehr als sechs Jahrzehnte: die erste Veröffentlichung erschien 1905, die letzte 1968. Diese sechs Jahrzehnte sind durch gewaltige politische Zäsuren und tiefgreifende gesellschaftliche Wandlungsprozesse gekennzeichnet. Im Rückblick erstaunt nicht zuletzt angesichts des phasenweise unsteten Schicksals und der Unsicherheit von Kelsens akademischer Position der hohe Grad an thematischer Kontinuität seines wissenschaftlichen Werkes und die ausdauernde Beharrlichkeit seiner Arbeit daran. Auch wenn man ihn nicht als *den* Juristen des 20. Jahrhunderts ansehen mag – ein Jahrhundertjurist war er ohne jeden Zweifel.

Hans Kelsen (1881–1973)

I. Lebensstationen: Von Prag über Wien und Köln nach Berkeley

Mehr als zehn Ehrendoktorate, darunter die der Universitäten Utrecht (1936), Harvard (1936), Chicago (1941), Berkeley (1952), Berlin (1961), Wien (1961), Paris (1963), Salzburg (1967) und Straßburg (1972); hohe und höchste Auszeichnungen, darunter das Österreichische Ehrenzeichen für Wissenschaft und Kunst (1961) sowie der Ehrenring der Stadt Wien (1966); Übersetzungen der eigenen Werke in weit über 20 Sprachen, darunter englisch, französisch, italienisch, spanisch, portugiesisch, schwedisch, ungarisch, tschechisch, hebräisch, japanisch, koreanisch, chinesisch; drei ihm gewidmete Festschriften; geläufige und häufige Charakterisierung als der „Jurist des 20. Jahrhunderts" – als Hans Kelsen am 19. April 1973 nahe der amerikanischen Pazifikküste starb, war er ohne Zweifel ein berühmter, vielgeehrter und in aller Welt hoch geachteter Mann der Wissenschaft[1]. Vorgezeichnet war ihm dieser Weg zweifelsohne nicht, als er am 11. Oktober 1881 in Prag als Sohn eines jüdischen Lampenhändlers geboren wurde, und auch nicht, als die Familie nach Wien übersiedelte, wo er nach der Matura 1900 und nach dem Studium der Rechts-

und Staatswissenschaften an der Wiener Universität 1906 promoviert wurde[2]. Der eigenem Bekunden zufolge religiös indifferente Kelsen trat 1905, um sich eine akademische Karriere nicht zu verbauen, zum römisch-katholischen Glauben, 1912 kurz vor seiner Heirat mit Margarete Bondi wie diese wiederum zum evangelischen Glauben (Augsburger Bekenntnis) über[3]. Den Grundstein für seinen wissenschaftlichen Ruhm legte er dann 1911 mit seiner Habilitationsschrift[4]. Das grundlegend Neue dieser Arbeit blieb den Zeitgenossen nicht verborgen[5], und in den nächsten Jahrzehnten erarbeitete Kelsen mit einer Vielzahl von Einzelpublikationen eine vollständige Neukonzeption der Rechtswissenschaft, die in dem 1934 erschienenen und „Reine Rechtslehre" betitelten Werk ihre erste gültige Zusammenfassung finden sollte[6]. Doch liegen zwischen diesen beiden Jahreszahlen (1911, 1934) nicht nur wesentliche weltgeschichtliche Ereignisse, sondern auch wichtige Etappen im Leben und im Wirken Kelsens. Während des Ersten Weltkrieges war er krankheitsbedingt im Kanzleidienst tätig, vor allem im Kriegsministerium, wo er zuletzt als Referent des Kriegsministers Stöger-Steiner als Verfassungsexperte wirkte[7]. Staatskanzler Dr. Karl Renner zog ihn 1918 zur Mitarbeit am Entwurf einer neuen Verfassung heran. Kelsens verbreitete Charakterisierung als (gar alleiniger) „Schöpfer" der österreichischen Bundesverfassung von 1920 geht sicher zu weit; man wird seiner Bedeutung eher gerecht, wenn man ihn als einen der wesentlichen Mitgestalter oder vielleicht als Architekten dieses Staatsgrundgesetzes apostrophiert[8]. Eine wesentliche Rolle hat er zweifelsohne bei der Etablierung einer Verfassungsgerichtsbarkeit gespielt, und zwar in Gestalt eines besonderen, institutionell verselbständigten Gerichtshofes mit der Kompetenz zur abstrakten und konkreten Normenkontrolle von Landes- und Bundesgesetzen[9]. Diesem Verfassungsgerichtshof gehörte er dann auf einen überparteilichen Vorschlag hin seit 1920 als „auf Lebenszeit" gewählter Richter (und einer der wenigen ständigen Referenten) an[10]. Freilich führten in der zweiten Hälfte der 1920er Jahre eskalierende politische Konflikte dazu, daß es bei der Bestellung auf Lebenszeit nicht blieb. Stein des Anstoßes vor allem für die konservativen Kräfte war die maßgeblich von Kelsen geprägte und verantwortete liberale Haltung des Gerichtshofs in der Frage der sog. Dispensehen[11]. In der Folge kam es zu einer unter der Flagge der Entpolitisierung segelnden Ablösung aller Verfassungsrichter; für eine Neuwahl (allein) auf Vorschlag der SPD stand Kelsen nicht zur Verfügung.

Auch in seinem akademischen Hauptamt kam es zu maßgeblichen Veränderungen. Er war seit 1919 als Nachfolger seines akademischen Lehrers, Edmund Bernatzik, ordentlicher Professor für Staats- und Verwaltungsrecht an der Universität Wien; mit einigen seiner Kollegen hatte er sich in jenen Jahren zum Teil heftige wissenschaftliche

Dispute geliefert[12]. Zudem dürften ihn die Anwürfe speziell aus katholischen Kreisen sowie die allgemein wachsende antisemitische Stimmung bedrückt haben. So nimmt er denn am 15. Oktober 1930 den Ruf auf den Lehrstuhl für Öffentliches Recht, insbesondere Allgemeine Staatslehre und Rechtsphilosophie der Universität Köln (damals nach Berlin die zweitgrößte Preußens) an – ganze acht Monate nach seiner Entsetzung als Richter des Verfassungsgerichtshofs. Ungeachtet der auch bei dieser Berufung nicht ausgebliebenen Querelen[13] folgt eine wissenschaftlich fruchtbare und befriedigende Phase[14]. Sie endet jäh. Während seiner Amtszeit als Dekan wird er am 12. April 1933 als einer der ersten Betroffenen auf Grund des „Gesetzes zur Wiederherstellung des Berufsbeamtentums" vom 7. April 1933 entlassen, wovon er aus der Zeitung erfährt[15]. Es beginnen schwierige Jahre. Zunächst lehrt er in Genf am „Institut universitaire des hautes études internationales", ab 1936 hat er dann zusätzlich das Ordinariat für Völkerrecht an der Deutschen Universität in Prag inne, wo es jedoch bald zu antisemitischen Propagandaaktionen der Studentenschaft kommt, so daß seine dortige Lehrtätigkeit mit dem Ende des Wintersemesters 1937/38 endet[16]. Nach dem Ausbruch des Zweiten Weltkrieges emigriert er, mittlerweile 60jährig und der englischen Sprache kaum mächtig, im Juni 1940 in die USA[17]. Dort kann er zunächst als Lecturer an der Harvard Law School, zwei Jahre später als Lecturer in Political Science in Berkeley unterkommen, wo er bis an sein Lebensende blieb. Von 1945 bis zu seiner Emeritierung 1952 wirkt er als Full Professor am Political Science Department in Berkeley für „International law, jurisprudence, and origin of legal institutions". Seine Abschiedsvorlesung widmet er der Frage der Gerechtigkeit[18]. Die Zeit der Pensionierung ist gekennzeichnet durch unvermindert rege und intensive wissenschaftliche Tätigkeit bei gleichzeitiger Pflege internationaler Kontakte. Vielfache Ehrungen und Einladungen führen ihn rund um die Welt, auch nach Deutschland und Österreich, ohne ihn dort in irgendeiner Weise wieder heimisch werden zu lassen. Seine Heimat war einzig die Wissenschaft. Im hohen Alter von über 90 Jahren stirbt er am 19. April 1973 in der Nähe von Berkeley und folgt damit seiner wenige Monate zuvor verschiedenen Frau Margarete nach, mit der er über 60 Jahre verheiratet war.

II. Das Lebenswerk: Die Reine Rechtslehre

Zeit seines Lebens hat Kelsen an einer Theorie des Rechts gearbeitet, der er im Laufe der Jahre den Namen „Reine Rechtslehre" gegeben hat. Grundgelegt wurde sie in seiner Habilitation von 1911, sodann in zahlreichen Aufsätzen und Monographien fortentwickelt[19], monographisch in der ersten Auflage von 1934 und der im Umfang mehr als vervierfachten Auflage von 1960 in eine konsolidierte Gestalt gebracht[20], ohne daß Kelsen danach seine Bemühungen um weitere Verbesserung, Korrektur oder Vertiefung seines Konzepts eingestellt hätte. Nur folgerichtig befaßt sich Kelsens letzte zu Lebzeiten publizierte Veröffentlichung in sehr detaillierter Weise mit kritischen Einwänden gegenüber seiner Lehre[21]. Auch nach 1960 hat er an seinem Theoriegebäude kleinere und größere Umbauten vorgenommen. Davon legt insbesondere die postum erschiene Studie über eine allgemeine Normentheorie[22] Zeugnis ab, die zu einigen, zum Teil als gravierend einzuschätzenden Revisionen bestimmter Theorieelemente geführt hat[23]. Im folgenden kann es nur holzschnittartig um zentrale Aspekte und wesentliche Grundzüge gehen.

1. Das Wissenschaftsprogramm

Mit der Reinen Rechtslehre intendiert Kelsen, wie es im Vorwort zur ersten Auflage programmatisch heißt, die „Jurisprudenz auf die Höhe einer echten Wissenschaft, einer Geistes-Wissenschaft zu heben“ und die Rechtswissenschaft dem „Ideal aller Wissenschaft, Objektivität und Exaktheit, soweit als irgend möglich anzunähern“[24]. Gefährdungspotential für dieses Wissenschaftsprogramm[25] erblickt Kelsen zum einen in der Vermengung von Aussagen über das Recht mit (rechts-)politischen Auffassungen und persönlichen Wertungen bis hin zu der tief eingewurzelten „Gewohnheit, im Namen der Wissenschaft vom Recht [...] politische Forderungen zu vertreten". Die Nähe zu Max Webers Konzept der Werturteilsfreiheit ist unverkennbar[26]. Genauso wie jener erhebt er insofern nicht die Forderung, auf Werturteile zu verzichten, sondern lediglich, wissenschaftliche Aussagen und politische Meinung voneinander zu trennen[27]. Und ebensowenig wie jener leugnet Kelsen keineswegs die politischen, ökonomischen, sozialen und sonstigen Kausalfaktoren bei der Entstehung und Durchsetzung des Rechts[28]. Kelsen propagiert nicht die Reinheit des Rechts im Sinne seiner illusionären Enthobenheit von realen gesellschaftlichen Prozessen. Gefordert wird vor dem Hintergrund eines in neukantianischer Tradition[29] scharf herausgearbeiteten Dualismus von Sein und Sollen vielmehr die Reinheit der rechtswissenschaftlichen Behandlung des Rechts. Die Reine Rechtslehre will nicht Lehre des reinen (guten, richtigen, gerechten) Rechts, sie will vielmehr reine (unverfälschte, objektive) Lehre des Rechts sein[30]. Die Entpolitisierungsforderung bezieht sich allein auf die Wissenschaft vom Recht, nicht auf das Recht selbst, um dessen wertungsabstinente Rekonstruktion und Darstellung es geht.

Bei der Bewältigung dieser Aufgabe befindet sich Kelsen in einer doppelten Frontstellung[31] einerseits gegenüber den Kausalwissenschaften, insbesondere der Rechtssoziologie, andererseits gegenüber allen Strömungen, die das positive Recht einer höheren, nichtjuristischen Normsphäre unterwerfen wollen, wie das vor allem für das Naturrecht gilt. Kelsen hält auf der einen Seite die Sollensdimension des Rechts gegen alle Versuche fest, rechtswissenschaftliche Normbeschreibung durch Explikation kausaler Zusammenhänge zu ersetzen oder zu verdrängen. „Die Faktizität sagt juristisch eben gar nichts."[32] Das Recht ist ein normatives Deutungsschema realer Vorgänge, das diesen einen bestimmten Sinn verleiht. Deswegen lehnt Kelsen auch „realistische" Konzeptionen ab, die – wie beispielsweise der skandinavische Rechtsrealismus[33] – die Sollenskomponente letztlich leugnen bzw. in psychische Zwangsvorstellungen auflösen wollen. Speziell der Rechtssoziologie wird freilich die Existenzberechtigung nicht abgesprochen, doch besteht Kelsen auf klarer Abgrenzung der verschiedenen Disziplinen mit entsprechendem Bewußtsein für deren je spezifische Methoden sowie ihre unterschiedliche Erklärungsweite und -richtung. „Rechts- und Staatssoziologie sind durch Kelsens Theorie nicht ausgeschlossen, sie sind nur als Soziologie zu betreiben."[34]

Komplettiert wird das Bemühen um die Reinheit rechtswissenschaftlicher Erkenntnis durch die Ablehnung des Naturrechts. Ungeachtet der Vielfalt von Aussagen und Argumenten, die Kelsen im Laufe seiner lebenslangen Auseinandersetzung mit dem Naturrecht vorgebracht hat, steht auch hier der Gedanke im Vordergrund, das Erkenntnisobjekt so klar wie möglich zu erfassen. Resultierte die Gefährdung durch die Kausalwissenschaften aus einem drohenden Verlust der Sollenssphäre, so resultiert sie nun aus der Überlagerung der Rechtssphäre durch eine andere, als höherrangig angesehene Sollenssphäre eines wie auch immer näher begründeten und ausgeformten Naturrechts. Einer solchen Vermengung normativer Welten und Systeme hält Kelsen die Position entgegen, daß die Rechtswissenschaft das positive, vom Menschen gesetzte Recht ohne relativierende oder korrigierende Beimischung anderer Normensysteme zu erkennen und zu erfassen habe, worin zugleich ein Antidot gegen ideologische Aufladungen des Rechts gesehen wird[35]. Es geht, dem Objektivitätsideal der Wissenschaft entsprechend, um das Recht, wie es ist, nicht, wie es sein sollte. Rechtswissenschaft soll das Recht weder billigen noch mißbilligen, sondern erkennen und beschreiben[36]. Auch das fehlerhafte, unsittliche Recht gehört dem Normensystem Recht an und kann – und muß unter Umständen – vom Standpunkt der Ethik und der Moral kritisiert werden. Die Qualifizierung einer effektiven Zwangsordnung menschlichen Verhaltens als Rechtsordnung sagt Kelsen zufolge über deren Dignität und Anerkennungswürdigkeit nichts aus, schon gar nicht ziehen die Rechtsnormen eine Gehorsamspflicht nach sich[37]. Die Frage, ob das Recht zu befolgen ist oder ob man dagegen revoltieren sollte, kann nicht vom positiven Recht selbst beantwortet werden. Diese Antwort überläßt die Reine Rechtslehre der autonomen Entscheidung eines jeden Einzelnen und seiner religiösen, weltanschaulichen, politischen oder sonstwie geprägten Werthaltung.

2. Die Grundnorm

Kelsens doppelte Frontstellung gegen die Okkupation der Rechtswissenschaft durch die Kausalwissenschaften einerseits, die Subordination unter ein Naturrecht andererseits wirft die schwierige Frage nach dem verbleibenden Geltungsgrund für das Recht auf, wenn dieser weder in der puren Faktizität einer effektiven Zwangsordnung noch in der Legitimation durch überpositive Normen gefunden werden kann. Hier kommt die in mancherlei Bedeutungsvarianten schillernde Figur der Grundnorm[38] ins Spiel, die als – von Kelsen teils als hypothetisch, teils als fiktiv gedeutete – Annahme gewissermaßen die Last der Normativitätsstiftung zu tragen hat. Nur durch ihre Zugrundelegung wird es möglich, eine effektive, faktisch wirksame staatliche Zwangsordnung als Rechtsordnung zu betrachten und das Recht als Deutungsschema für reale Vorgänge anzuwenden[39]. Da aber für den Wertrelativisten Kelsen[40] die Verbindlichkeit von Rechtsnormen in einer weltanschaulich pluralen Welt nicht mehr objektiv und allgemeingültig begründet werden kann, bietet die Grundnorm zwar einen letzten, aber keinen festen Halt: denn ihre Annahme beruht auf einer keinesfalls zwingenden Entscheidung des Rechtsbetrachters. Man kann die jeweilige staatliche Rechtsordnung auch schlicht als bloß faktisch überlegenes Macht- und Gewaltaggregat, als große Räuberbande im Sinne des Augustinus ansehen.

3. Die Lehre vom Stufenbau der Rechtsordnung

Neben die normativitätsstiftende Funktion tritt die einheitsstiftende Funktion der Grundnorm, die als gleichsam höchster Abschlußpunkt (*apex norm*) des Stufenbaus der Rechtsordnung fungiert[41]. Die wesentlich auf Adolf Merkl zurückgehende Stufenbaulehre rückt das Phänomen der Selbsterzeugung (und Selbstvernichtung) des Rechts in einem interdependenten Normenkosmos als Abfolge stufenweise zunehmender Konkretisierung ins Bewußtsein[42]. Die Rechtsnormen stehen demgemäß in einem wechselseitigen Delegations- und Ableitungszusammenhang. Die Geltung einer Norm läßt sich nur aus der Geltung einer höheren Norm herleiten. Dabei reduziert die Reine Rechtslehre die Rechtsordnung nicht auf generelle Normen einschließlich des Gewohnheitsrechts, sondern begreift sie als Gesamtheit der auf den verschiedenen Rechtsebenen erzeugten Rechtsakte: von der Verfassung über Gesetze und Verordnungen bis hin zu richterlichen Urteilen, behördlichen Entscheidungen oder den zwischen Privatpersonen geschlossenen Verträgen (*lex contractus*)[43]. Ein einheitliches System formen die mannigfachen positivrechtlichen Normen allein dadurch, daß sie auf denselben letzten Geltungsgrund, die gedachte Grundnorm, verweisen.

Dieses theoretische Gesamtarrangement von disziplinärem Selbstand der Rechtswissenschaft, neukantianisch-wertrelativistischer Geltungsbegründung und Stufenbaulehre zeitigt durchaus konkrete Folgen für Kelsens Positionierung in Fragen der Interpretationslehre, der Verfassungsgerichtsbarkeit und des Staatsverständnisses.

III. Interpretationslehre und Verfassungsgerichtsbarkeit

Der Zusammenhang zwischen der Stufenbaulehre und der Interpretationstheorie Kelsens[44] liegt auf der Hand. Denn wenn es jeweils höhere und niedrigere Stufen der Normerzeugung mit unterschiedlichem Konkretisierungsgrad gibt, dann ist unmittelbar evident, daß die höherrangigen Normen wie etwa die Bestimmungen der Verfassung über Inhalt, Form und Verfahren der Gesetzgebung die darunter liegende Normerzeugung, also die vom Parlament beschlossenen Gesetze selbst, nicht vollständig determinieren, sondern nur in gewisser formeller und materieller Weise vorstrukturieren, ihnen gleichsam einen Rahmen geben kann. Und was für das Verhältnis von Verfassung und Gesetz gilt, gilt Kelsen zufolge auch für die weiteren Stufen, etwa für die Verordnunggebung, die sich im Rahmen der gesetzlichen Vorgaben halten muß, oder noch stärker für die Anwendung des Gesetzes auf einen Einzelfall. Abstrakter gesprochen:

> „Das Verhältnis zwischen einer höheren und einer niederen Stufe der Rechtsordnung, wie zwischen Verfassung und Gesetz oder Gesetz und richterlichem Urteil, ist eine Relation der Bestimmung oder Bindung; die Norm höherer Stufe regelt [...] den Akt, durch den die Norm tieferer Stufe erzeugt wird [...] Diese Bestimmung ist aber niemals eine vollständige.
> Die Norm höherer Stufe kann den Akt, durch den sie vollzogen wird, nicht nach allen Richtungen hin binden. Stets muß ein bald größerer, bald geringerer Spielraum freien Ermessens bleiben, so daß die Norm höherer Stufe im Verhältnis zu dem sie vollziehenden Akt der Normerzeugung oder Vollstreckung immer nur den Charakter eines durch diesen Akt auszufüllenden Rahmens hat.“[45]

Daraus ergibt sich zwingend, daß es bei der interpretatorischen Anwendung einer Norm eine einzige richtige Entscheidung nicht geben kann, woraus wiederum folgt, daß die nicht selten anzutreffende Einordnung Kelsens als Vertreter der Begriffsjurisprudenz vollständig in die Irre geht[46]. Er selbst hat sich aufgrund seiner ausgeprägten Skepsis gegenüber der disziplinierenden Kraft der gängigen Interpretationsmethoden eher der Freirechtsschule zugeordnet[47]. Jedenfalls ist für ihn klar, daß jeder Rechtsanwendungsvorgang auch und zugleich ein Rechtserzeugungsvorgang ist, in dem – in unterschiedlicher Mischung der Bestandteile – volitive und kognitive Elemente zusammentreffen. Interpretation ist somit teils Erkenntnis, teils Willensakt, Kognition und Dezision zugleich, was Adolf Merkl in das plastische Bild vom „doppelten Rechtsantlitz" gekleidet hat[48]. Vorstellungen von Rechtsanwendung als einem mechanischen, sich sozusagen automatenhaft vollziehenden Vorgang sind ihm ebenso fremd wie der Mythos von der einen, einzigen richtigen Entscheidung. Von einem simplen Subsumtionsschluß oder von Interpretation als einem Akt reiner Logik kann bei ihm keine Rede sein. Ganz im Gegenteil öffnet Kelsen das Tor weit für das subjektive, von Werturteilen geprägte Ermessen des jeweiligen Rechtsanwenders, der eben immer zugleich auch Rechtsschöpfer ist[49]. Mit der Unterscheidung zwischen authentischer und rechtswissenschaftlicher Interpretation wird einerseits die geringe Bedeutung, die Kelsen der Wissenschaft für die konkrete Rechtspraxis beimißt, evident, andererseits der politische Charakter des Handelns der Rechtsanwender, zuvörderst der Richter, offengelegt, die sich nicht länger hinter der Vorstellung wertfreier, unpolitischer Normanwendung verschanzen können[50].

Auch zwischen Stufenbaulehre und Kelsens Konzeption einer Verfassungsgerichtsbarkeit als einer Normprüfungsinstanz besteht ein evidenter Zusammenhang, den er bei seinem Wiener Staatsrechtslehrervortrag deutlich expliziert hat[51]. Wenn die Frage der Konformität eines Rechtsaktes oder einer Norm mit den Vorgaben einer ranghöheren Norm juristischer Überprüfung zugänglich ist und wenn es insbesondere der Idee des Rechtsstaates entspricht, gemäß dem tradierten Grundsatz der Gesetzmäßigkeit der Verwaltung das Handeln der Verwaltung gerichtlich auf Übereinstimmung mit den förmlichen Gesetzen hin überprüfen zu können – dann gibt es keinen prinzipiellen Grund, die Gesetze ihrerseits als Normen einer höheren, aber wiederum unter der Verfassung stehenden Stufe von einer solchen, strukturell gleichen Prüfung auszunehmen. Die in der politischen Diskussion der Weimarer Zeit außerordentlich umstrittene gerichtliche Überprüfung der Verfassungsmäßigkeit von (Reichs-)Gesetzen[52] erscheint auf einsichtige und geradezu elegante Art und Weise funktionell als gedanklich zwingende Komplettierung der (allgemein akzeptierten) Überprüfung von Verwaltungsakten auf ihre Übereinstimmung mit dem Gesetz. Neben die Verwaltungsgerichtsbarkeit tritt eine „Gesetzgebungsgerichtsbarkeit"[53]. Demgemäß hat Kelsen davon gesprochen, daß die österreichische Verfassung von 1920 von Anbeginn Garantien „nicht nur für die Gesetzmäßigkeit der Verwaltung, sondern auch für die Verfassungsmäßigkeit der Gesetzgebung" enthalte[54]. Weil er aber um die Schwierigkeiten effektiver Hegung rechtsinterpretatorischer Gerichtsmacht wußte, drängte er sowohl auf die Konzentration entsprechender Gesetzesüberprüfungskompetenzen bei einem eigens dafür geschaffenen Gerichtshof (einschließlich eines eng umrissenen Kreises von Antragstellern) als auch auf unbedingte Vermeidung von generalklauselartigen Bestimmungen in der Verfassung selbst; präzise Kontrollmaßstäbe sollten eine Machtverschiebung vom demokratisch gewählten Parlament hin zur Judikative vermeiden[55]. Das in der Weimarer Republik von vielen propagierte (diffuse) allgemeine richterliche Prüfungsrecht[56] erachtete er hingegen angesichts der bekannten sozialen Rekrutierung der meisten Richter und ihrer entsprechenden politischen Einstellung als „Selbstmord der Demokratie"[57].

IV. Bundesstaat, Staatslehre, Völkerrecht

Die These vom Föderalismus als einer starken Wurzel der Staatsgerichtsbarkeit[58] bestätigend, hatten die Beratungen zur österreichischen Bundesverfassung von 1920 ihren Ausgang bei der

Frage nach den Kontrollmöglichkeiten für bundesstaatswidrige Landesgesetze genommen, um dann in einem zweiten bedeutsamen Schritt auch die Verfassungsmäßigkeit von Bundesgesetzen einzubeziehen, also die föderale Hierarchie um die Normenhierarchie zu ergänzen[59]. Kelsen zufolge vollendet sich mit der Verfassungsgerichtsbarkeit erst die politische Idee des Bundesstaates[60]. Diesen konzipiert er in Aufnahme älterer Traditionen in dreigliedriger Weise[61]. Neben den Gliedstaaten und dem Zentralstaat kennt er eine dritte Größe, den Gesamtstaat bzw. besser und genauer: die Gesamtverfassung. Sie übergreift Zentralstaat und Gliedstaaten und organisiert die Zuordnung der Kompetenzen auf Zentralstaat und Gliedstaaten sowie deren näheres Verhältnis zueinander. Dieser dritten (verfassungstheoretischen) Größe entspricht keine weitere staatliche Ebene; vielmehr fungiert der Bund das eine Mal als Zentralstaat, das andere Mal als Gesamtstaat bzw. als Gesamtverfassung. Obwohl in Deutschland noch immer die Zweigliedrigkeitslehre vorherrscht[62], hat man Kelsens Lehre doch attestiert, die weder auf hierarchische Subordinationsverhältnisse noch auf reine Koordinationsbeziehungen reduzierbaren föderalen Strukturen differenziert(er) zuzuordnen und auch einschlägige positivrechtliche Bestimmungen des Grundgesetzes besser und gewissermaßen „zwanglos" zu erklären[63].

Ganz abgesehen von den Besonderheiten bundesstaatlicher Organisation zeitigen die Prämissen der Reinen Rechtslehre (neutrale Deskription des Gegenstandes, Werturteilsfreiheit, Methodenreinheit) Konsequenzen für den Staatsbegriff[64]. Jeder Staat hat demnach eine Rechtsordnung, sei diese auch ihrem Inhalt nach noch so verwerflich. Mehr noch: in diesem reduzierten und speziellen, entmaterialisierten Sinn *ist* jeder Staat ein Rechtsstaat[65], sofern es sich nur um eine effektive Zwangsordnung menschlichen Verhaltens handelt. Aus dem Postulat der gegenstandskonstitutiven Kraft der jeweiligen wissenschaftlichen Methode folgt sodann die Ablehnung der Zwei-Seiten-Theorie des Staates, wie sie insbesondere von Georg Jellinek verfochten wurde[66]. Demgemäß ließ sich der Staat von der einen Seite her als soziales und politisches, von der anderen Seite her als rechtliches und rechtswissenschaftliches Phänomen betrachten. Kelsen leugnet diesen Dualismus schon aus methodologischen Gründen, weil jener eine irgendwie vorgegebene Entität „Staat" voraussetzt, der dann zum Objekt unterschiedlicher wissenschaftlicher Zugriffe wird. Für Kelsen gibt es aber keinen Staat an sich: weder als factum brutum noch als Realisation einer metaphysischen Idee. Das vor der Konstitution durch die jeweilige Wissenschaftsdisziplin vorhandene Substrat könnte man ja nur als diffuses Norm-Faktum-Konglomerat umschreiben, als disziplinär ungefüges „Staat-Recht-Dinges"[67]. Für Kelsen steht der Staat weder vor noch hinter und schon gar nicht über der Rechtsordnung, für ihn *ist* der Staat die

Rechtsordnung; Staat und Recht sind identisch. Daher gibt es für den juristischen Zugriff keine legitime staatliche Gewalt über die rechtlich begründete und begründbare hinaus[68].

Das Völkerrecht hat seit jeher Kelsens besondere Aufmerksamkeit gefunden. Die Wendung von der ‚reinen Rechtslehre' begegnet nicht zufällig im Untertitel seiner Monographie von 1920 über Souveränität und Völkerrecht[69]. Konstruktiv traktiert Kelsen vor allem das Problem einer Einheit von Völkerrecht und einzelstaatlichem Recht, wobei er gegen einen Dualismus beider Rechtsordnungen vor allem den Gedanken der erkenntnismäßigen Einheit allen Rechts bemüht und so den Monismus für „denklogisch" zwingend hält[70]. Konzipierbar sei dieser Monismus entweder als geltungstheoretisches Primat der staatlichen Rechtsordnung (Souveränitätsdogma) oder der Völkerrechtsordnung (Dogma der einheitlichen Gesamtrechtsordnung): sog. monistische „Wahlhypothese"[71]. Die Wahl selbst erscheint letztlich als Frage der Weltanschauung[72]. Kelsens Beiträge zum Völkerrecht reichen indes über theoretische Grundkonzeptionen weit hinaus und umfassen auch zahlreiche bzw. zahllose Beiträge zu dogmatischen Fragen des Völkerrechts[73] bis hin zur Kommentierung der UN-Charta von 1945, bei der er seinen methodologischen Prämissen zu entsprechen sucht[74]. Es dürfte gerade die Verbindung eines hohen Abstraktionsniveaus mit der Mannigfaltigkeit der erörterten Themen und Fragestellungen sein, die zur Anschlußfähigkeit und der verstärkten Rezeption des Völkerrechtlers Kelsen in jüngerer Zeit maßgeblich beigetragen haben[75]. Auch für die schwierig zu deutende Gesamtkonstruktion der Europäischen Union und ihr Verhältnis zu den Mitgliedstaaten hat man die Souveränitätskonzeption Kelsens mit ihrer Offenheit gegenüber fluiden Gestaltungs- und Verteilungsmöglichkeiten hoheitlicher Kompetenzen auf verschiedene Ebenen und Träger in durchaus fruchtbarer Weise herangezogen[76], zumal Kelsen selbst die Schaffung einer internationalen Organisation, die ihren Mitgliedern den Staatscharakter entzieht, für durchaus möglich gehalten hat[77].

V. Demokratietheorie

Kelsen war nicht allein Rechtstheoretiker und Verfasser ungezählter rechtsdogmatischer Schriften, Kommentare durchaus eingeschlossen, sondern – neben seiner praktischen Tätigkeit in der Volksbildung[78] – auch der Autor einer „der großen Demokratiebegründungsschriften überhaupt“[79]. Seinen zentralen Beitrag über „Wesen und Wert der Demokratie“[80] verfaßte er in den unruhigen Jahren der Weimarer Republik, in denen nicht zuletzt auch unter vielen Staatsrechtslehrern Parlamentarismus-, Pluralismus- und Parteienkritik dominierten. Kelsen hingegen spricht ausdrücklich davon, daß der Parlamentarismus die „einzige reale Form" sei, „in der die Idee der Demokratie innerhalb der sozialen Wirklichkeit von heute erfüllt werden kann"; daß diese Demokratie „notwendig und unvermeidlich ein Parteienstaat" sein müsse; daß sie in der Moderne auf der Basis eines vielfältigen gesellschaftlichen Pluralismus mit entsprechend divergenten Auffassungen und Interessen denkbar sei, deren Ausgleich im Wege der „Erzielung eines Kompromisses" im dafür prädestinierten parlamentarischen Verfahren erfolgen müsse[81].

Seinen argumentativen Ausgangspunkt nimmt Kelsens Demokratieverständnis nicht beim Kollektivsubjekt Volk, sondern bei der Idee der Freiheit des Einzelnen, bei dessen Autonomie und Selbstgesetzgebung. Sie bildet den entscheidenden Fixpunkt. Freilich unterliegt dieser aufgrund der Komplizierung sozialer Verhältnisse, der Vorteile arbeitsteiliger Organisation und der Notwendigkeit gesamtgesellschaftlicher Einheitsbildung einer ganzen Reihe gravierender Metamorphosen, die das utopische und im Grunde a-staatliche Ideal absoluter individueller Autonomie in die realistische Form der Mehrheitsherrschaft gewählter parlamentarischer Repräsentanten transformiert. Die anarchische Freiheit von jeglicher Ordnung wandelt sich zur stets beschränkten Freiheit im Staat, in dem gewählte Repräsentanten mit Mehrheit die für alle geltenden Gesetze beschließen. Diese können nicht für sich reklamieren, Ausdruck einer höheren Vernunft mit objektivem Geltungsanspruch zu sein, sondern stellen lediglich die temporär gültige, prinzipiell revisible Fixierung einer Position dar, die den Willen der jeweiligen Mehrheit verkörpert. Demokratie wird auf diese Weise verstanden als eine politische Koexistenzordnung auf der Basis eines akzeptierten Pluralismus der Meinungen, Glaubensrichtungen und Interessen, von denen keine für sich reklamieren kann, die objektive Wahrheit zu verkörpern. Insoweit hat Kelsen davon gesprochen, daß der Relativismus diejenige Weltanschauung sei, die die Demokratie voraussetzt[82].

VI. Politikwissenschaft, Soziologie, politische Philosophie

Das Gesamtwerk Hans Kelsens umfaßt zahlreiche Schriften, die über den engeren Bereich der Rechtswissenschaft im allgemeinen, des Staats- und Völkerrechts einschließlich der Demokratietheorie im besonderen weit hinausreichen, ohne aber doch jeden Bezug zu ihnen zu verlieren. Genannt seien hier seine politologischen Studien zum Marxismus und zur kommunistischen Rechtstheorie, deren rein ideologische Funktion und gedankliche Unhaltbarkeit er schonungslos offenlegt[83]. Auch die kürzlich erschienene Monographie über „Secular Religion" gehört in diesen

Zusammenhang[84]. Denn so wie er an der kommunistischen Rechtstheorie den Verlust der Eigenständigkeit des Normativen kritisiert und bekämpft, so fürchtet er, daß die Konzepte säkularer Religionen die aufklärerischen Errungenschaften der Freiheit der Wissenschaft und der Trennung von Politik und Religion gefährden könnten.

Genannt sei ferner seine große Studie über „Vergeltung und Kausalität“[85], in der er im Rückgang auf die Vorstellungswelten archaischer („primitiver“) Gesellschaften und unter Rückgriff auf Erkenntnisse der Ethnologie demonstriert, wie sich die für das moderne Denken selbstverständliche und für unser Verständnis von Recht und Rechtswissenschaft konstitutive Differenz von Natur und Gesellschaft, Sein und Sollen, Kausalgesetzlichkeit und Normgesetzlichkeit erst allmählich herausgebildet hat – und zwar dadurch, daß die ursprünglich soziomorphe Deutung von Natur *und* Gesellschaft gemäß dem Vergeltungsgedanken im Laufe der Entwicklung gewissermaßen auf die normative Sphäre eingeschränkt und dem Naturgeschehen der Erklärungsmodus der Kausalität zugeordnet wird.

Großen Raum nimmt in seinem Werk seit jeher die durchweg kritische Beschäftigung mit dem Naturrecht ein[86]. An Ausführlichkeit unübertroffen ist insofern die intensive Beschäftigung mit der griechischen Philosophie, allen voran mit Platon, wie die postume Publikation eines langen Manuskriptes zeigt[87].

VII. Rezeption

Was internationale Ausstrahlung und Einfluß auf die Rechtswissenschaft in verschiedenen Ländern anbetrifft, so dürfte kaum ein Jurist des 20. Jahrhunderts Kelsen gleichstehen. In drei Sammelbänden ist dieses vielfältige Wirken dokumentiert[88]. In Österreich genoß seine neue Lehre zwar keineswegs ungeteilte Zustimmung, wurde jedoch als bedeutsame Leistung gewürdigt und führte dazu, daß sich schon bald eine Gruppe von Schülern und Mitstreitern (unter ihnen Adolf Merkl und Alfred Verdroß) um ihn scharte[89] und das „label" der Wiener Rechtstheoretischen Schule mit Kelsen als unumstrittenem Haupt entstand. Anders sah das in Deutschland aus. Dort stieß er schon in den 1920er Jahren, insbesondere im Kontext des sog. Methodenstreites, nicht nur auf Unverständnis (wie etwa bei staatsrechtlichen Positivisten wie Anschütz und Thoma), sondern auch (so etwa bei Smend, Schmitt und Heller und vor allem den konservativen Vertretern der Zunft) auf vehemente und bei weitem nicht immer nur rein wissenschaftlich motivierte Ablehnung[90]. Doch immerhin blieb er hier noch ein letztlich geachteter, wenn auch scharf attackierter Gegner mit katalytischer Funktion[91]. In der Zeit des Nationalsozialismus wurde daraus der jüdische, zudem der Sozialdemokratie nahestehende Feind, der vertrieben und – nicht zuletzt von Carl Schmitt – nach Kräften geschmäht wurde. Nach

1945 bestand die – wohl auch auf unterschwellige antisemitische Reflexe gegründete – Rezeptionsunwilligkeit gegenüber dem Positivisten, Ideologiekritiker, Demokraten, Pluralisten und Emigranten fort[92]. Ignoranz und Abschottung bildeten die vorherrschende Form des Umgangs mit Kelsens Lehre. Die Positivismuslegende[93], letztlich eine erfolgreiche Desinformationskampagne, machte aus Opfern Täter und hielt dem 1933 vertriebenen Demokraten vor, mit seinem Denken zum Sieg des Nationalsozialismus beigetragen zu haben. Bestenfalls galt die Reine Rechtslehre als skurril oder absurd, als sinnlose Logelei, wenn nicht als irgendwie anarchisch oder – genau umgekehrt – als eine Form der Staatsapotheose[94]. Sich hierzulande zu Kelsen zu bekennen, „löste noch am Ende der sechziger Jahre deutliches Befremden aus und stellte ein akademisches Risiko dar"[95]. Ein Umschwung trat in den 1980er und 1990er Jahren ein[96]. Seitdem läßt sich ein Prozeß zunehmender Versachlichung und Normalisierung im Umgang mit seinem Lebenswerk beobachten[97], wovon nicht zuletzt die in den Fußnoten dieses Textes genannten Titel Zeugnis ablegen. Es ist ein Zeichen dieser Normalisierung, daß die Meinungen über die Zukunftsfähigkeit und aktuelle wissenschaftliche Anschlußfähigkeit von Kelsens Werk auseinandergehen[98].

VIII. Wissenschaft als Heimat

Im Laufe seines langen Lebens hat Hans Kelsen die Staatsangehörigkeit mehrfach gewechselt. Er besaß kraft Geburt zunächst die österreichische, infolge der Berufung auf den Lehrstuhl in Köln die deutsche, infolge der Prager Professur sodann die tschechische Staatsangehörigkeit. 1945 wurde er amerikanischer Staatsbürger. Doch das waren Äußerlichkeiten, gewissermaßen Adiaphora. Seine eigentliche Heimat, die er nie verlassen hat, fand er in der Wissenschaft[99]. Er selbst hat das in den bewegenden Schlußworten seiner Abschiedsvorlesung so ausgedrückt:

> „Und in der Tat, ich weiß nicht und kann nicht sagen, was Gerechtigkeit ist, die absolute Gerechtigkeit, dieser schöne Traum der Menschheit. Ich muß mich mit einer relativen Gerechtigkeit begnügen und kann nur sagen, was Gerechtigkeit für mich ist. Da Wissenschaft mein Beruf ist und sohin das Wichtigste in meinem Leben, ist es jene Gerechtigkeit, unter deren Schutz Wissenschaft, und mit Wissenschaft Wahrheit und Aufrichtigkeit gedeihen können. Es ist die Gerechtigkeit der Freiheit, die Gerechtigkeit des Friedens, die Gerechtigkeit der Demokratie, die Gerechtigkeit der Toleranz."[100]

Kelsens Demokratietheorie: Grundlegung, Strukturelemente, Probleme

I. Einführung

Hans Kelsen gehört zu den wenigen Weimarer Staatsrechtslehrern, die als aufrechte und überzeugte Demokraten gelten können.[1] Abgesehen vielleicht von Richard Thoma[2] war er unter diesen der einzige, der sich wissenschaftlich ausführlicher mit dem politischen und verfassungsrechtlichen Prinzip der Demokratie, seinen Voraussetzungen und Konsequenzen, auseinandergesetzt hat. Das Ergebnis hat man als „eine der großen Demokratiebegründungsschriften überhaupt"[3] bezeichnet. Die Rede ist von Kelsens Studie über „Wesen und Wert der Demokratie", die zuerst im Jahre 1920[4] und dann 1929 in zweiter, erweiterter Auflage erschienen ist.[5] Ihren mittlerweile erreichten Klassikerstatus[6] verdankt die Arbeit neben der Prominenz ihres Autors und den dramatischen Zeitumständen vermutlich in erster Linie ihrer Klarheit und Prägnanz, insbesondere der deduktiven Strenge und souveränen Eleganz bei der Problementfaltung. Wenn sie im folgenden den zentralen Bezugstext darstellt, so darf darüber nicht vergessen werden, daß Kelsen – von weiteren kleineren Schriften abgesehen[7] – im Jahre 1955 nochmals eine im Umfang erheblich vermehrte und dazu in manchen Punkten modifizierte Version seiner Demokratietheorie vorgelegt hat, die allerdings an eher abgelegener Stelle und zudem in englischer Sprache erschienen ist.[8] Darauf wird zurückzukommen sein.

II. Sozialphilosophische Grundlegung: Individuelle Freiheit und staatliche Ordnung

1. Staat und Individuum

Mutet die Textgrundlage eher selbstverständlich an, so könnte dies für die sachliche Fragestellung nach der sozialphilosopischen Grundlegung der Demokratietheorie Kelsens eher zweifelhaft sein. Denn deren gängige und im Kern richtige Charakterisierung als „formal“ und „relativistisch“,[9] als bloße Methode der Erzeugung einer Rechtsordnung, die von inhaltlichen Präfixierungen gerade absieht und keine unverfügbaren, vorpositiven Grundsätze oder Prinzipien anerkennt, scheint – jedenfalls auf den ersten Blick – eine solche stets an bestimmte inhaltliche Aussagen gebundene Verortung zu verbieten. Hinzu kommt, daß für Kelsen als staatstheoretischen Analytiker die Demokratie eine Staatsform unter anderen ist: ob man sie bejaht oder verneint, obliegt einer rational nicht völlig auflösbaren Wertentscheidung des Einzelnen. Doch beides schließt keineswegs aus, die inneren Funktionsgesetze der Demokratie zu bestimmen, ihre Strukturelemente herauszupräparieren und zu zeigen, auf welchen Wertprämissen Demokratie beruht. Eben dies ist Kelsens Anliegen.

Den zentralen Basiswert der Demokratie bildet nun in der Analyse Kelsens die Freiheit, und zwar im Kern die Freiheit des Einzelnen (nicht eines Kollektivs), und zweitens die gleiche Freiheit aller.[10] Diese Freiheit ist „Grundprinzip der Demokratie"[11] und wird gewissermaßen axiomatisch vorausgesetzt, ihr gegenüber hat sich staatliche Herrschaft zu rechtfertigen.[12] Der Frage, wie diese Rechtfertigung gelingen kann und welchen Metamorphosen der Freiheitsbegriff dabei unterliegt, ist sogleich nachzugehen (dazu III.).

Mit dem methodischen Individualismus, dem Vorrang des Einzelnen und der prinzipiellen Rechtfertigungsbedürftigkeit staatlicher Ordnung und Herrschaft ihm gegenüber knüpft Kelsens Demokratieschrift, ohne dies im einzelnen ideen- oder theoriegeschichtlich näher zu explizieren, an die neuzeitliche Herrschaftsvertragslehre mit ihren konstitutiven Elementen des Naturzustandes (also des Zustandes absoluter Freiheit und Gleichheit der Individuen) sowie der Hervorbringung einer staatlichen Herrschaftsordnung kraft Vertrages an.[13] Damit ist bereits soviel gesagt, daß der Staat kein Zweck an sich selbst ist, keine vorausgesetzte oder dem Einzelnen von vornherein überlegene Größe. Nun zeigt ein Blick in die Vielfalt der Herrschafts- und Gesellschaftsvertragslehren, daß zwar in methodisch-konstruktiver Hinsicht deren Ausgangspunkt die individuelle Freiheit (im Naturzustand) war, nicht aber zwingend auch deren Endpunkt.[14] Es kann als charakteristisch für die Entfaltung des Kelsenschen Gedankenganges gelten, daß die Vermittlungsschritte zwischen vollständiger individueller Autonomie als Ausgangspunkt und der Ausgestaltung einer staatlichen Herrschaftsorganisation stets von dem Ziel getragen sind, Selbstbestimmung und Selbstgesetzgebung in möglichst weitem Umfange zu wahren. Von daher ergeben sich auch gewisse Differenzen zu dem wichtigsten Referenzautor Kelsens, zu *Jean-Jacques Rousseau*,[15] den er als den vielleicht „bedeutendste(n) Theoretiker der Demokratie" bezeichnet.[16]

2. Metamorphosen individueller Autonomie

In der Problemexposition herrscht indes weitgehende Übereinstimmung. Wie Rousseau an der berühmten und vielzitierten Stelle seines „Contrat Social" die zentrale und unlösbar scheinende Frage nach einer Form der Vergesellschaftung stellt, „die mit ihrer ganzen gemeinsamen Kraft die Person und das Vermögen jedes einzelnen Mitglieds verteidigt und schützt und durch die doch jeder, indem er sich mit allen vereinigt, nur sich selbst gehorcht und genauso frei bleibt wie zuvor",[17] so wird auch Kelsen nicht müde, die im Grunde unmögliche Vereinbarkeit von individueller Freiheit und gesellschaftlicher Ordnung, von Ich und Wir, von Autonomie und Heteronomie zu unterstreichen. Da ist die Rede von der Natur selbst, die sich gegen die Gesellschaft aufbäume,[18] von einem „staatsfeindlichen Urinstinkt [...], der das Individuum gegen die Gesellschaft stellt".[19] An anderer Stelle spricht Kelsen von dem im Grunde „unlösbare(n) Konflikt, in dem die Idee der individuellen Freiheit zur Idee einer sozialen Ordnung" stehe.[20] Doch wie diese Spannung zu überbrücken und dennoch die Freiheit aufrechtzuerhalten sein könnte, findet durchaus unterschiedliche Antworten. Rousseau postuliert bekanntlich eine vollständige Wesensverwandlung und Selbstentäußerung des Einzelnen, eine „aliénation totale", die aus dem wilden gesetzlosen Naturmenschen einen republikanischen Staatsbürger macht, der in der sittlichen Welt des politischen Gemeinwesens vollständig aufgeht. Als Citoyen gewinnt dieser eine völlig neue Identität, gewissermaßen eine zweite Natur, die in schroffem Gegensatz zur ersten steht.[21] Nun scheint zwar auch Kelsen ähnliches anzudeuten, wenn er den Wandlungsprozeß als „Denaturierung" bezeichnet[22] und statuiert: „Aus der Freiheit der Anarchie wird die Freiheit der Demokratie."[23] Doch sucht er die Lösung nicht über eine radikal andere Anthropologie,[24] sondern untersucht die Metamorphosen, denen der Freiheitsbegriff unterliegt. An die Stelle von Rousseaus schlagartiger Verwandlung tritt eine Reihe von systematisch entfalteten Wandlungsprozessen,[25] als deren Folge sich die zentralen Strukturelemente demokratischer Ordnung ergeben.

III. Strukturelemente demokratischer Ordnung

1. Individuelle Autonomie – kollektive Selbstbestimmung

Zu erinnern ist zunächst daran, daß Freiheit für Kelsen im Kern Autonomie, also Selbstbestimmung und Selbstgesetzgebung meint. Unter den Bedingungen eines gesellschaftlichen Miteinander muß sich indes die vorstaatliche Freiheit *von* jeder Ordnung zur stets beschränkten Freiheit *in der* staatlichen Ordnung wandeln. So wird – dies der erste Schritt – aus individueller Autonomie eine Form kollektiver Selbstbestimmung. Als frei in einem sozialen Verband wie dem Staat kann gelten, „wer zwar untertan, aber nur seinem eigenen, keinem fremden Willen untertan ist". Von daher erklärt sich die nähere Bestimmung von Demokratie als Herrschaft des Volkes über das Volk, als Identität von Subjekt und Objekt der Herrschaft.[26]

2. Majoritätsprinzip

Nun liegt auf der Hand, daß eine vollständige Kongruenz von Heteronomie und Autonomie nur aufrechtzuerhalten wäre, wenn alle staatlichen Entscheidungen einhellig getroffen würden. Ein derartiges Erfordernis der Einstimmigkeit, so Kelsen in realistischer Analyse, wäre indes illusorisch und kontraproduktiv: illusorisch, weil praktisch nicht zu erreichen und daher „bei der erfahrungsmäßigen Gegensätzlichkeit der Interessen für das praktische Staatsleben [...] indiskutabel",[27] und kontraproduktiv, weil es bei nur einigermaßen komplexen Verhältnissen zur Obstruktion und zur Anomie, also zur Auflösung jeglicher Ordnung führen würde.[28] Es muß daher zur Ablösung des Einstimmigkeitserfordernisses durch das Mehrheitsprinzip kommen, dessen Rechtfertigung Kelsen eben darin erblickt, „daß – wenn schon nicht alle – so doch möglichst viele Menschen frei sein, d.h. möglichst wenige Menschen mit ihrem Willen im Widerspruch zu dem allgemeinen Willen der sozialen Ordnung geraten sollen".[29] Und da qualifizierte Mehrheitserfordernisse (wie etwa die 2/3-Mehrheit) bereits wieder einer Minderheit eine Sperrminorität verleihen, mit deren Hilfe diese als Verhinderungsminderheit die Majorität davon abzuhalten vermag, in Übereinstimmung mit ihrem Willen zu leben, gilt ihm „das Prinzip der absoluten (und nicht das der qualifizierten) Majorität [als] die relativ größte Annäherung an die Idee der Freiheit".[30]

3. Pluralistische Verbandsstruktur

Mit der Anerkennung des Majoritätsgrundsatzes gelangen die Metamorphosen vollkommener „natürlicher“ Autonomie noch nicht an ihr Ende. Denn zu bedenken bleibt, daß die Mehrheitsbeschlüsse sich nicht adäquat als Ergebnis einer Addition vollständig partikularisierter Individuen begreifen lassen. Von erheblicher Bedeutung erweist sich wegen der unvermeidlichen gesellschaftlichen Interessengegensätze[31] vielmehr der Umstand notwendiger Gruppenbildung. Will der Einzelne im politisch-sozialen Gestaltungsprozeß entwickelter Gesellschaften etwas bewirken, so bedarf es des Zusammenschlusses, der Bildung von Verbänden und Vereinigungen.[32] Bei dieser Aggregation und Vorformung vieler unterschiedlicher Standpunkte und Bestrebungen zu einem einheitlichen Verbands oder Vereinsstandpunkt ist die Stimme des Einzelnen nur eine unter vielen, die sich gegebenenfalls der Mehrheitsposition beugen muß.[33] Für den im engeren Sinne politischen Bereich und staatlicher Willensbildung kommt hier, wie Kelsen hellsichtig vermerkt, den politischen Parteien ausschlaggebende Bedeutung zu.[34] Ganz fremd ist ihm also die rousseauistische Perhorreszierung intermediärer Gewalten,[35] vorwärtsweisend hingegen die Forderung nach verfassungsmäßiger Verankerung der politischen Parteien und ihre Anerkennung als Organe bzw. Faktoren der staatlichen Willensbildung,[36] im Kern richtig die prägnante These, daß die Demokratie „notwendig und unvermeidlich ein Parteienstaat" ist.[37] Hochaktuell mutet die Forderung nach einer inneren demokratischen Struktur der gesellschaftlich mächtigen und für die Staatswillensbildung zentralen politischen Parteien an,[38] wie sie das Grundgesetz in Art. 21 I 3 GG verankert hat.

4. Parlamentarische Repräsentation

a) Als weiterer nicht minder gravierender Wandlungsprozeß schließt sich an, daß die meisten Entscheidungen in modernen Großflächenstaaten nicht von den Bürgern – also den Herrschaftsunterworfenen – selbst, sondern von ihren Repräsentanten getroffen werden.[39] Damit wird die politische Selbstbestimmung gewissermaßen aus der Hand gegeben bzw. zum Stimmrecht verdünnt. Indem Kelsen diesen Vorgang als unausweichlich betrachtet und als Modifikation, nicht aber als Negation des demokratischen Gedankens begreift, stellt er sich neuerlich in schärfsten Gegensatz zur Lehre Rousseaus. Hatte dieser doch in seinem Contrat Social[40] allein die direkte Abstimmung aller (Aktiv-)Bürger über die alle in gleicher Weise betreffenden Angelegenheiten als demokratisch erachtet und im Repräsentativsystem (namentlich dem englischen Parlamentarismus) lediglich eine verkappte Form der Knechtschaft erblickt.[41] Diesem Idealbild einer Versammlungsdemokratie setzt Kelsen die nüchterne Beobachtung entgegen, daß in modernen Großflächenstaaten wegen der „Kompliziertheit der sozialen Verhältnisse“[42] die unmittelbare Demokratie als Grund- oder Regelform staatlicher Willensbildung „praktisch unmöglich“ und „der Parlamentarismus die einzige reale Form ist, in der die Idee der Demokratie innerhalb der sozialen Wirklichkeit von heute erfüllt werden kann“.[43] Wie der Konstrukteur der französischen Revolutionsverfassung, Abbé Sieyes, versteht Kelsen parlamentarische Repräsentation als ein Produkt notwendiger Arbeitsteilung.[44]

b) Wenn Kelsen hier wie an anderen Stellen Repräsentation als „Fiktion“ bezeichnet,[45] so steht dahinter nicht das Ziel einer Abwertung. Abgewehrt werden sollen vielmehr Deutungsversuche, die das spezielle Repräsentationsverhältnis, das gerade auf dem freien Mandat des Abgeordneten beruht,[46] als tatsächliche Willensidentität ausgeben wollen und ihm so einen falschen Sinn verleihen. Denn der komplexe demokratische Autorisations- und Legitimationszusammenhang ist von anderer Qualität als der einer bloßen Registrierung aktueller Meinungsübereinstimmung von Wählern und Gewählten. Zumindest mißverständlich erscheint aus dem gleichen Grunde allerdings die Bemerkung Kelsens, der Parlamentarismus lasse sich nicht aus dem Prinzip der Volkssouveränität legitimieren:[47] gewinnen doch die repräsentativen Strukturen ihre besondere Gestalt und Ausformung in der Demokratie gerade aus der Idee der Volkssouveränität.[48]

c) Allerdings will Kelsen mit dem besagten Hinweis in erster Linie in zutreffender Weise dem Vorurteil entgegentreten, daß der Volkswille sich ausschließlich und allein durch die Vertretungskörperschaft bilden könne und für alternative Formen direkter Demokratie im parlamentarischen System kein Platz sei.[49] Denn obgleich er den Bestand des Parlamentarismus zur „Schicksalsfrage" der Demokratie erklärt[50] und an der Unausweichlichkeit repräsentativer Strukturen keinen Zweifel läßt, zeigt er sich für Entscheidungsvarianten plebiszitärer Art durchaus offen. Nicht als Angriff auf das parlamentarische System, sondern als dessen sinnvolle Ergänzung und als prinzipielle Stärkung der demokratischen Idee faßt er Sachentscheidungen durch das (Wahl-)Volk selbst auf, etwa in Gestalt eines Verfassungsreferendums, eines fakultativen Gesetzesreferendums oder der Volksinitiative.[51] Auch diese Vorschläge muten insbesondere aus der Perspektive der Bundesrepublik Deutschland höchst aktuell an: kennen doch mittlerweile alle deutschen Landesverfassungen[52] Elemente direkter Demokratie, wie sie etwa in Bayern schon seit Jahrzehnten praktiziert werden, ohne daß das parlamentarisch-repräsentative System dadurch Schaden genommen hätte. Einzig das Grundgesetz bleibt „prononciert antiplebiszitär".[53]

d) Zu weit gehen indes Kelsens Zugeständnisse an Einschränkungen des freien Mandats, die er ebenfalls als tendenzielle Stärkungen der unmittelbaren Demokratie durch das Wahlvolk zu erfassen sucht,[54] die aber den funktionalen Gesichtspunkten einer Sicherung der Entscheidungsfindung der Parlamentarier auch gegen die eigene Partei (und die eigene Fraktion) nicht hinlänglich Rechnung tragen.[55] Die Auffassung schließlich, daß das ursprünglich gegen die monarchische Obrigkeit gerichtete Privileg der Immunität überholt und obsolet geworden sei,[56] verkennt die Möglichkeit eines Funktionswandels dieses Instituts: heute dürfte – anders vielleicht als noch in Weimar – das Sicherungsinstrument der Immunität im Verhältnis zu einem enthemmten Sensations- und „investigativen" Kampagnenjournalismus neue Bedeutung gewonnen haben.[57]

5. Zwischenbilanz

Die Rekonstruktion der zentralen Bausteine der Demokratietheorie Kelsens kann an dieser Stelle beendet und ein erstes Zwischenresümee gezogen werden. Abgesehen von den beiden zuletzt genannten Punkten (imperatives Mandat, Immunität bzw. Indemnität) präsentiert sich diese als eine in jeder Beziehung moderne Konzeption,[58] die die Unausweichlichkeit repräsentativer Strukturen in modernen Großflächenstaaten anerkennt, für direktdemokratische Elemente indes offen bleibt. Demokratie wird begriffen als eine bestimmte Form staatlicher Herrschaftsorganisation, die stets auf das normative Grundprinzip kollektiver Selbstbestimmung bezogen bleibt und deren

Befestigung und Realisierung zu dienen hat. Diese Konzeption ist – folgt man der analytischen Unterscheidung von *Fritz Scharpf* – „input-orientiert",[59] da sie ihr entscheidendes Ziel darin sieht, für die Ausgestaltung der gesellschaftlichen (Rechts-)Ordnung in möglichst hohem Grad den Willen des Volkes ausschlaggebend werden zu lassen: nicht (nur) government *for* the people, sondern government *by* the people.[60] Indem er gesellschaftliche Interessengegensätze und deren Verfolgung in Gestalt von Verbänden und Gruppenbildungen nicht ignoriert oder perhorresziert, sondern der Konstruktion zugrundelegt, gelangt Kelsen zur Bestätigung einer parlamentarisch-repräsentativen Grundstruktur auf der Basis eines gesellschaftlichen Interessenpluralismus einschließlich des besonders wichtigen Mehrparteiensystems. Durch diese Art der Verarbeitung gesellschaftlicher Gegensätze mit der inhärenten Tendenz zur Kompromißbildung ergibt sich Kelsen zufolge die Möglichkeit, bestehende Differenzen „nicht auf blutig revolutionärem Wege zu überwinden, sondern friedlich und allmählich auszugleichen".[61]

Kelsens Sicht erscheint heute im großen und ganzen vertraut, unspektakulär, alternativenarm: sie spiegelt einen gewissen Grundbestand an Institutionen und Überzeugungen des Modells „westlicher Demokratien"[62] wider, dessen internationaler Siegeszug seit dem Fall der Mauer und dem zuvor einsetzenden Zerfall der Sowjetunion jedenfalls in Europa kräftig voranschreitet. Man muß indes – ganz abgesehen von aktuellen Krisenerscheinungen – nur einmal die politische Geschichte des 20. Jahrhunderts kurz vor seinem geistigen Auge Revue passieren lassen (Faschismus und Nationalsozialismus, Sowjetdiktatur, Militärregierungen), um zu erkennen, daß die Existenz auch nur annähernd demokratischer Verhältnisse selbst in den europäischen Nationalstaaten eine ebenso wertvolle wie stets gefährdete Errungenschaft darstellt.

In ein noch klareres Licht rückt die Demokratietheorie Kelsens vielleicht, wenn man sie nicht mit der historischen Realität, sondern mit einer alternativen theoretischen Konzeption vergleicht. Daher soll sie im folgenden in der gebotenen Kürze mit den Lehren Carl Schmitts konfrontiert werden[63] (dazu IV.), bevor wir uns einigen gewissermaßen theorieinternen Aspekten von Kelsens Demokratieschrift(en) widmen (V.).

IV. Ein Gegenmodell: Carl Schmitts Lehren über die Demokratie

Mit Carl Schmitt wenden wir uns dem wohl schillernsten und umstrittensten, sicher aber auch einem der anregendsten Staatstheoretiker des 20. Jahrhunderts zu.[64] Bereits zur Weimarer Zeit war er ein exponierter Vertreter seiner Zunft und wenn nicht *der*, so doch *einer der* wichtigsten Opponenten Kelsens, ja sein Antipode[65] – und zwar nicht nur in bezug auf rechtstheoretische Grundsatzfragen, sondern eben auch in bezug auf die Analyse und Erfassung des Demokratieprinzips, wie im folgenden exemplarisch dargelegt werden soll.

1. Demokratie als Identität

Schon im Ansatz zeigen sich fundamentale Unterschiede. Zwar verwenden beide bei der Begriffsbestimmung der Demokratie ähnliche Formeln von der „Identität von Führern und Geführten, von Subjekt und Objekt der Herrschaft“[66] bzw. von der „Identität von Regierenden und Regierten“.[67] Doch während Kelsen ausdrücklich die reale Gespaltenheit und Verschiedenheit des Subjekts „Volk“ betont und Demokratie gerade als Verfahren kennzeichnet, auf der Grundlage vielfältiger politischer, sozialer, religiöser u.a. Differenzen eine für alle geltende Rechtsordnung zu erzeugen,[68] kommt für Schmitt entscheidende Bedeutung der substantiellen Homogenität des Volkes zu,[69] also der Gleichartigkeit der zu diesem Volk Gehörigen. Das nennt er „wirklich konsequente Demokratie“ und „demokratische Identität von Regierenden und Regierten“.[70] Staatliche Einheit wird bei ihm nicht hergestellt, sondern ohne Vermittlung „durch soziale Gruppenorganisationen“[71] vorausgesetzt oder durchgesetzt.

2. Ende des Parlamentarismus

Vollständig verschieden fällt sodann die Einschätzung des Parlamentarismus aus. Für Schmitt ist dieser aufgrund einer hochgradig stilisierten Analyse, in der er eine kurze Phase des französischen Parlamentarismus zu Zeiten der Julimonarchie für maßgeblich erachtet,[72] seiner geistigen Substanz vollständig beraubt und damit historisch überholt.[73] Von daher stellen sich ihm die komplexen Vorgänge der Parteikoalitionen, des Interessenausgleichs und der politischen Kompromisse als „künstliche Maschinerie“[74] dar, die den wahren Willen des Volkes eher zu verdecken als zu realisieren geeignet ist.

3. Akklamation

Einer ähnlich negativen Bewertung sieht sich der Wahlakt ausgesetzt. Während Kelsen sich eher für konkrete Fragen eines vom demokratischen Standpunkt aus gebotenen Wahlrechtssystems interessiert,[75] spricht Schmitt der geheimen Stimmabgabe des einzelnen Bürgers rundweg jedwede Qualität als demokratische Handlung ab. Denn abgegeben „in tiefstem Geheimnis und völliger Isoliertheit, also ohne aus der Sphäre des Privaten und Unverantwortlichen herauszutreten“, könnten die Wählerstimmen eben nur als zu registrierende und in einen mathematischen Rechenvorgang Eingang findende Meinungen von Privatleuten gelten; und selbst die „einstimmige Meinung von 100 Millionen Privatleuten ist weder Wille des Volkes, noch öffentliche Meinung".[76] Der einzelne, so eine andere spitze Bemerkung, werde bei der Stimmabgabe – sei es beim Volksentscheid oder bei der Parlamentswahl – in ein Wahlkabinett gesperrt.[77] Als höchster und wahrhaftiger Ausdruck demokratischer Entscheidung gilt Schmitt denn auch die Akklamation des öffentlich versammelten Volkes,[78] also dessen unmittelbare und ungeteilte Zustimmung: „Der Wille des Volkes kann durch Zuruf, durch *acclamatio*, durch selbstverständliches, unwidersprochenes Dasein ebensogut und noch besser demokratisch geäußert werden als durch den statistischen Apparat, den man seit einem halben Jahrhundert mit einer so minutiösen Sorgfalt ausgebildet hat. Je stärker die Kraft des demokratischen Gefühls, um so sicherer die Erkenntnis, daß Demokratie etwas anderes ist als ein Registriersystem geheimer Abstimmungen."[79]

4. Parlamentarismus und Demokratie als Gegensätze

Hier zeigt sich bereits die für Schmitts Position typische Entkoppelung, ja Entgegensetzung von Demokratie und parlamentarischer Repräsentation.[80] War für Kelsen der Parlamentarismus (ungeachtet möglicher Ergänzungen plebiszitärer Art) noch die „Schicksalsfrage" der Demokratie,[81] zerreißt Schmitt das Band zwischen demokratischer Ordnung und dem Repräsentationscharakter gewählter Vertretungskörperschaften. In der Repräsentation erblickt er gerade ein elitäres, nichtdemokratisches Element;[82] eine „kraftvolle Repräsentation" kann er sich nur gegen das Parlament vorstellen.[83] Andererseits gestattet es seine spezifische Fassung des Demokratiebegriffs als „Identität des wirklich anwesenden Volkes mit sich selbst",[84] die unter der Voraussetzung substantieller Homogenität steht, in geradezu verblüffender Weise und „in merkwürdiger Verkehrung der üblichen Fronten"[85] auch und gerade solche Akte und Herrschaftsformen als spezifisch demokratisch zu etikettieren, die gemeinhin als das strikte Gegenteil, nämlich als autokratisch, gelten. Und seine mehrmaligen Hinweise darauf, daß Diktatur keineswegs den Gegensatz zur Demokratie bilde,[86] daß „Bolschewismus und Fascismus [...] wie jede Diktatur zwar antiliberal, aber nicht notwendig antidemokratisch" seien,[87] bereiten den Höhepunkt dieser Uminterpretationen vor – den Satz nämlich, daß Diktatur nur auf demokratischer Grundlage möglich sei.[88]

In einem Wort: Wenn Schmitt also nach demokratischer Öffentlichkeit ruft, dann meint er nicht einen offenen Markt der Meinungen mit dem kritischen Austausch von Positionen und Ansichten, sondern kollektive Akklamation einer Volksmenge, die „Ja" oder „Nein", „Hoch" oder „Nieder" ruft;[89] wenn er die Bedeutungslosigkeit des Wahlaktes kritisiert, dann schwebt ihm nicht die direktdemokratische Abstimmung als Alternative vor (denn dort sieht er den Bürger in gleicher Weise als Privatmann isoliert wie beim Wahlakt), sondern die Suspension von individuell zu zählenden Stimmen überhaupt; wenn er echte und wahre Demokratie fordert, schließt das zwar das parlamentarische System aus, nicht aber eine Diktatur.

V. Drei Nachfragen zu Kelsens Demokratietheorie

Wir wenden uns nun wieder unserem Autor zu, an den im folgenden drei Nachfragen zu richten sind, die besonders wichtige und zugleich diskussionsbedürftige Teile seiner Demokratietheorie betreffen.

1. Demokratie und Grundrechte

a) Die erste Betrachtung gilt dem Verhältnis von demokratischer Ordnung und individuellen Grundrechtsgewährleistungen oder – allgemeiner gesprochen – dem von Kelsen selbst apostrophierten Gegensatz von Liberalismus und Demokratie (welcher nicht verwechselt werden darf mit Schmitts konstruiertem Gegensatz von Parlamentarismus und Demokratie).

An mehr als einer Stelle der Schrift von 1929 läßt Kelsen erkennen, daß demokratische und liberale Elemente, Selbstbestimmung des demokratischen Kollektivs und individuelle Freiheit in einem (auch demokratischen) Kollektiv unterschiedliche und nicht zwingend zusammenhängende Dinge sind. So heißt es gleich im ersten Abschnitt, Demokratie sei auch „bei schrankenloser Ausdehnung der Staatsgewalt gegen das Individuum, also bei völliger Vernichtung der individuellen ‚Freiheit' und Negation des liberalen Ideals [...] noch möglich".[90] Die Stilisierung der Freiheit des Einzelnen zur Freiheit des Staates[91] deutet in die gleiche Richtung. Und einen kräftigen Akzent setzt schließlich die Bemerkung, es sei geradezu ein „Sinnbild der Demokratie, wenn in der genuesischen Republik über den Gefängnistüren und auf den Ketten der Galeerensklaven das Wort ‚Libertas' zu lesen war."[92] Andererseits betont Kelsen des öfteren Zusammenhänge zwischen demokratischer Staatsorganisation und bestimmten freiheitlichen Strukturen:[93] der Minderheitenschutz zeige sich mit dem Mehrheitsprinzip durchaus vereinbar, und dieser Minoritätsschutz sei „die wesentliche Funktion der sogenannten Grund- und Freiheits- oder Menschen- und Bürgerrechte".[94] Eher beiläufig spricht er des weiteren davon, daß echte Demokratie nur dort herrsche, wo die „Allgemeinheit und Gleichheit der politischen Rechte unzweifelhaft besteht".[95]

Beide Argumentationsrichtungen stehen in der Schrift von 1929 etwas unverbunden nebeneinander: einerseits volle Verfügungsgewalt demokratischer Entscheidungen, andererseits die Anerkennung einer gewissen Konnexität von Demokratie und Freiheitsrechten, wobei die Darstellung insofern zwischen empirischer Beobachtung regelmäßig anzutreffender Befunde und der Inkorporation in das normative Grundgerüst des Demokratieprinzips schwankt.

b) Hier bringt der Beitrag über „Foundations of Democracy" aus dem Jahr 1955 wichtige Ergänzungen und Präzisierungen. An mehreren Stellen bezieht er dort Freiheitsrechte in die Begriffsbestimmung der Demokratie ausdrücklich mit ein. Als charakteristisch für die Demokratie und als ihre Wesensmerkmale werden nun z.B. Meinungs-, Rede- und Gedankenfreiheit bezeichnet und Religions-, Wissenschafts- und Pressefreiheit als „essential to democracy" angeführt.[96] „Modern democracy cannot be separated from political liberalism"[97] heißt es jetzt, und der in Weimar noch statuierte prinzipielle Gegensatz von Demokratismus und Liberalismus wird in der Wendung von der *liberal democracy*[98] gewissermaßen terminologisch verschmolzen. Werkgeschichtlich interessant dürfte insofern sein, daß Kelsen schon in der 1933 erschienenen Schrift über Staatsform und Weltanschauung deutlich formuliert hatte, zum „Lebensprinzip jeder Demokratie" gehöre „die geistige Freiheit, die Freiheit der Meinungsäußerung, die Glaubens- und Gewissensfreiheit, das Prinzip der Toleranz und insbesondere: die Freiheit der Wissenschaft".[99]

Prinzipiell ist mit dieser Verdeutlichung richtig betont, daß von Demokratie ohne einen Prozeß freier, offener und von daher stets kontroverser Meinungsbildung nicht gesprochen werden kann.

Wahlen ohne vorherige Präsentation und Diskussion der Kandidaten, Abstimmungen ohne Erörterungen des Für und Wider und der Vorstellung sachlicher Alternativen sind bloße Farce und Fassade. Überhaupt ist zu bedenken, daß sich Demokratie nicht in einem bestimmten Arrangement formaler Rechtsprozeduren erschöpft.[100] Die Vorstellung, daß die Aktivbürgerschaft in regelmäßigen Abständen eine Vertretungskörperschaft kreiert, um danach in politische Bedeutungslosigkeit zurückzufallen, verfehlt die Realität des demokratischen Verfassungsstaates ebenso wie seine Normativität. Demokratische Repräsentation bezeichnet einen vielfältigen, prozeßhaften und parlamentsübergreifenden Gestaltungsprozeß mit einem beständigen Rückkoppelungsverhältnis zwischen Wählern und Gewählten. Eine wirksame demokratische Öffentlichkeit erweist sich von daher als mindestens genauso wichtig für das Funktionieren demokratischer Ordnungen wie der Wahlakt selbst. Indem die einschlägigen Grund- und Freiheitsrechte die Bildung und Artikulation von Meinungen, den Austausch unterschiedlicher Positionen, Aktion und Demonstration normativ absichern, bilden sie das „Fundament und sozusagen die Infrastruktur aller demokratischen Prozesse".[101] Wenn Kelsen also einer stärkeren Integration bestimmter Freiheitsgarantien in das Demokratiekonzept das Wort redet, liegt darin keine wesensfremde oder dem relativistischen Grundansatz zuwiderlaufende Substantialisierung eines vordem rein formalen Konzepts, sondern die richtige Einsicht in bestimmte Wesenselemente, konstituierende Prinzipien und integrale Bestandteile demokratischer Ordnung.

c) Ein schwieriges Problem verbleibt indes. Es betrifft die Frage nach der genaueren Bestimmung derjenigen Grund- und Freiheitsrechte, die mit einem demokratischen Staatswesen in einem unauflöslichen funktionalen Zusammenhang stehen.[102] Für die Kommunikationsgrundrechte einschließlich der Versammlungs- und Vereinigungsfreiheit, namentlich natürlich für die Meinungsfreiheit, läßt sich dieser Nexus vergleichsweise leicht aufzeigen.[103] Nahe liegt ferner die Einbeziehung des religiösen und weltanschaulichen Bekenntnisses, gerade wenn man die korporative Seite in Rechnung stellt.[104] Auch erscheint plausibel, daß eine freie und offene politische Diskussion der Garantie freier Persönlichkeitsentfaltung im privaten Bereich als ihres Fundamentes bedarf.[105] Doch ob und inwieweit auch die Kunst- und Wissenschaftsfreiheit, die Gewährleistung von Eigentum und Erbrecht, freie Berufswahl und Freizügigkeit gewissermaßen mit abgedeckt sind, erscheint durchaus fraglich und hat bis heute keine allgemein überzeugende Antwort gefunden.[106] Auch hier kann eine solche nicht gegeben werden. Wichtig ist im hiesigen Kontext allein, daß Kelsens ursprünglich postulierte Antithese von Liberalismus und Demokratie jedenfalls dann ihre Berechtigung noch nicht verloren zu haben scheint, wenn man Liberalismus als Wirtschaftsliberalismus ausbuchstabiert.[107] Deshalb kann Kelsen im Foundations-Aufsatz unter der Rubrik „Democracy and Economic Freedom" im wesentlichen die Möglichkeit der Garantie bestimmter nichtökonomischer Freiheitsrechte in einer sozialistischen Gesellschaftsordnung diskutieren.[108]

2. Zur Bedeutung des Wertrelativismus

Während Kelsen also den integralen Zusammenhang von Demokratieprinzip und (bestimmten) Freiheitsrechten jedenfalls in der Schrift von 1929 eher etwas zu schwach konturiert, scheint seine These vom Wertrelativismus als einer notwendigen geistigen Grundhaltung zu stark formuliert zu sein. Bekanntlich wirft Kelsen im Schlußkapitel noch einmal die zentrale Frage auf, worauf die demokratische Mehrheitsentscheidung ihre Legitimität und ihren Befolgungsanspruch im letzten gründen kann. Materielle Konzepte lehnt er ab. Wahrheit und Mehrheit, so seine Überzeugung, können auseinanderfallen. An die automatische Richtigkeit demokratischer Mehrheitsentscheidungen zu glauben hieße daher „an ein Gottesgnadentum des Volkes glauben, eine Zumutung, ebenso unmöglich wie jene, die das Gottesgnadentum eines Fürsten proklamiert".[109] Gerade deshalb kann in der Minderheitenposition nicht etwa – wie bei Rousseau – ein Irrtum, sondern lediglich die temporär unterlegene, morgen vielleicht die Majorität für sich gewinnende Position gesehen werden, woraus sich die hohe Bedeutung des Revisibilitätsgrundsatzes für das demokratische Mehrheitsprinzip ergibt.[110] Aus dieser (scheinbaren) Schwäche der Demokratie, sich nicht auf die Kraft unhinterfragter Tradition, auf eine charismatisches Führertum oder eine „wahre" Lehre stützen zu können,[111] sondern ganz auf sich selbst zurückgeworfen zu sein, sucht Kelsen abschließend eines seiner stärksten Argumente für die Demokratie zu gewinnen. Denn eine absolute Wahrheit, so eine hier wie an zahllosen anderen Stellen von ihm wiederholte Grundüberzeugung, gibt es nicht; dem Menschen seien nur relative Wahrheiten und relative Werte zugänglich.[112] Dem damit vorgezeichneten prinzipiellen Gegensatz von religiös-metaphysischer und kritisch-relativistischer Welt- und Wertanschauung ordnet er nun die politischen Grundeinstellungen Autokratie und Demokratie zu[113] und gelangt dann zu der berühmten Aussage über den Relativismus als Voraussetzung der Demokratie.

> „Wer absolute Wahrheit und absolute Werte menschlicher Erkenntnis für verschlossen hält, muß nicht nur die eigene, muß auch die fremde, gegenteilige Meinung zumindest für möglich halten. Darum ist der *Relativismus* die Weltanschauung, die *der demokratische Gedanke* voraussetzt."[114]

Fraglos hat diese schöne Sentenz einen zutreffenden Kern. Zu Recht betont wird damit, daß die Demokratie keine gewissermaßen automatisch selbsttragende Ordnung ist, sondern bestimmter sozio-kultureller Voraussetzungen bedarf.[115] In einem Staat, dessen Bürger verschiedenen Lagern fanatischer Fundamentalisten angehören, die ihren jeweiligen Glauben zur Richtschnur der Gestaltung der politischen und gesellschaftlichen Ordnung machen wollen, werden die Mechanismen demokratischer Mehrheitsherrschaft auf Dauer keine Stütze finden. Ideologischer Absolutheitsanspruch und plurale Demokatie mit Mehrparteiensystem, Rechten der Opposition, parlamentarischem Minderheitenschutz und realer Machtwechselchance schließen sich wechselseitig aus. Hingegen bilden Bereitschaft zu Diskussion und Kompromiß, Fähigkeit zur kritischen Überprüfung der eigenen Überzeugung und prinzipielle Anerkennung der Auffassungen anderer als gleichberechtigte Standpunkte[116] zweifelsohne wichtige Grundlagen für die Stabilisierung demokratischer Ordnungen.[117]

Fraglich ist allein, ob all dies die von Kelsen angedeutete starke These trägt, daß hierfür ein weltanschaulicher (ethischer, philosophischer) Relativismus die (notwendige und alternativenlose) Voraussetzung bildet.[118] Hier ist ja zum einen schlicht zu konstatieren, daß jedenfalls gemäß den Prämissen einer wertrelativistischen Demokratietheorie nicht nur überzeugte Demokraten, sondern auch Verfechter autokratischer Ordnungen und ausgewiesene Wertabsolutisten an der politischen Willensbildung teilnehmen dürfen.[119] Zum anderen – und wichtiger – sprechen gute Gründe dafür, daß sich auch Anhänger „absolutistischer" Welt- und Wertanschauungen[120] in eine demokratische Staatsordnung einfügen und diese in konstruktiver Weise mittragen können: denn „auch Menschen, die feste Wertüberzeugungen besitzen, können demokratiebewußt für die Verbreitung ihrer Auffassungen ‚werben'".[121] Im Grunde beruht die plural-demokratische Diskussion darauf, daß man an die Richtigkeit der eigenen Position glaubt, sich aber dennoch einer im Ergebnis anderslautenden Mehrheitsentscheidung unterwirft. Und die Motivation dafür muß nicht einem erkenntnistheoretischen oder weltanschaulichen Relativismus entspringen, sondern kann im Vertrauen auf den Revisibilitätsgrundsatz oder in pragmatischen Erwägungen begründet sein.[122] Umgekehrt gilt, daß ein überzeugter Wertrelativist keineswegs zwingend ein besonders guter Demokrat sein muß: die Überzeugung von der Relativität und Anfechtbarkeit aller ethischen, sozialen und politischen Werte kann sich gerade im (verzweifelten) Ruf nach einem Führer, einer absoluten Hoheitsgewalt und damit einer autokratischen Ordnung Bahn brechen.[123] Letztendlich kann der Wertrelativist den zynischen Machtwillen eines autoritären Alleinherrschers ebenso goutieren wie die vielfältigen Abstimmungs- und

Kompromißstrukturen einer ausgeprägten Konsens- oder Konkordanzdemokratie.

Aus den dargelegten Gründen scheint es geboten zu sein, Kelsens hochgezontes Wertrelativismusargument gewissermaßen auf die niedere Ebene des politischen Pragmatismus zu transformieren.[124] Konkret bedeutet dies, daß Klugheitsregeln bei der Organisation des kollektiven Miteinander den Vorrang vor der Durchsetzung letzter Prinzipien haben, auch wenn an diese „geglaubt“ wird. Eine derartige Trennung letzter und vorletzter Fragen läßt sich aus der Sicht des einzelnen naturgemäß umso besser durchhalten, je mehr der Staat selbst darauf verzichtet, jene Sphären regeln zu wollen. Namentlich die Gewährleistung einer (nicht auf den Minderheitenschutz zu verkürzenden) weiten Sphäre freier und umfassender Persönlichkeitsentfaltung, individuell wie kollektiv, vermag die Bereitschaft zu fördern, in einem Staat zu leben und an seiner politischen Gestaltung aktiv mitzuwirken, auch wenn dieser in grundlegenden ökonomischen, sozialen, religiösen, politischen und anderen Fragen nach Prinzipien organisiert ist, die der Einzelne für verfehlt hält. Auch insofern stützen sich liberale Freiheitsrechte, politische Mitwirkungsrechte und demokratische Ordnung wechselseitig. Einem unbelehr- und unbeirrbaren Fundamentalismus,[125] Rassen- oder Klassenwahn gegenüber werden indes auch politisch-pragmatische Überlegungen wirkungslos verpuffen oder bestenfalls zu strategischer Scheinanpassung nach dem bezeichnenden Diktum führen: „Wenn wir in der Minderheit sind, fordern wir Freiheit nach euren Grundsätzen, wenn wir in der Mehrheit sind, verweigern wir sie euch nach den unseren.“[126]

3. Selbstpreisgabe der Demokratie?

Damit sind wir bei der letzten und vielleicht schwierigsten Frage angelangt. Wie soll sich die Demokratie verhalten, wenn ihre Gegner übermächtig werden? Hier müssen – was bei der Diskussion dieses Punktes nicht immer deutlich genug geschieht – meines Erachtens zwei Aspekte unterschieden werden.

a) Man kann zum einen fragen, was die in die Minderheit geratenen Demokraten praktisch tun sollen, ob sie sich gegen die Majorität, die sich der Demokratie entledigen will, stemmen und etwa eine Art von kommissarischer Diktatur anstreben sollen. Diese Frage beantwortet Kelsen mit großer Eindeutigkeit. In seiner im Angesicht des nahenden Untergangs der Weimarer Republik verfaßten Streitschrift „Verteidigung der Demokratie“[127] heißt es:

> „Aber angesichts dieser Situation erhebt sich auch die Frage, ob man es dabei sein Bewenden lassen solle, die Demokratie theoretisch zu verteidigen. Ob die Demokratie sich nicht selbst verteidigen soll, auch gegen das Volk, das sie nicht mehr will, auch gegen

> eine Majorität, die in nichts anderem einig ist, als in dem Willen, die Demokratie zu zerstören. Diese Frage stellen, heißt schon, sie verneinen. *Eine Demokratie, die sich gegen den Willen der Mehrheit zu behaupten, gar mit Gewalt sich zu behaupten versucht, hat aufgehört, Demokratie zu sein.*
> Eine Volksherrschaft kann nicht gegen das Volk bestehen bleiben. Und soll es auch gar nicht versuchen, das heißt, wer für die Demokratie ist, darf sich nicht in den verhängnisvollen Widerspruch verstricken lassen und zur Diktatur greifen, um die Demokratie zu retten."

Das hier aufgezeigte Dilemma begegnet schon in strukturgleicher Weise bei Rousseau;[128] auch bei ihm, wo es als Auseinanderfallen von volonté générale und volonté de tous erscheint, gibt es keine konstruktive Lösung. Denn hält man an der demokratischen Staatsform (bei Rousseau: am Gemeinwohlkonzept der volonté générale) auch gegen die verblendete, egoistische, verführte empirische Mehrheit (volonté de tous) fest und etabliert eine notwendig elitäre Minderheitenherrschaft, verletzt man das tragende Prinzip der Demokratie, Herrschaft der Mehrheit zu sein. Also bleibt nur der Sieg der Demokratiegegner. Im einen wie im anderen Fall löst sich Rousseau zufolge der politische Verband als ein freiheitlicher auf und zerfällt.

b) Daneben aber steht eine weitere, eher theoretische Frage, die noch einmal auf die interne Grundstruktur des Demokratieprinzips zurückführt. Denn wenn Kelsen davon spricht, es sei das „paradoxe Vorrecht, das die Demokratie gegenüber der Autokratie"[129] habe, sich selbst abzuschaffen, so ist damit nicht nur die ausweglose Lage ihren an Zahl überlegenen Gegnern gegenüber umschrieben. Vielmehr klingt dies so, als ob in der freien Selbstpreisgabe gewissermaßen die letzte, über sich hinausweisende Konsequenz des obersten Gebots freier Selbstbestimmung des politischen Verbandes zu erblicken sei. Der Gang in die Diktatur wäre dann nicht nur ein faktischer Sieg der Gegner der Demokratie, sondern Ergebnis ihres zum äußersten getriebenen internen Funktionsmodus und paradoxe Bestätigung ihrer Entscheidungsmechanismen.

Diese frappant anmutende Sichtweise der Selbstabschaffung der Demokratie als integrales Element muß allerdings nicht unwidersprochen bleiben. Denn mit diesem Gedankengang wird das zentrale Entscheidungsverfahren der Demokratie, die Mehrheitsregel, gegenüber dem Grundprinzip der Demokratie, der Freiheit des einzelnen, in unzulässiger Weise verabsolutiert.[130] Wie wir eingangs gesehen haben (vgl. unter II. 1.), beruht Demokratie auf dem Gedanken individueller Autonomie, also freier Selbstbestimmung.[131] Diese Freiheitsidee ist der zentrale geistige Grund, von dem aus sich alle anderen Formen und Ausgestaltungen ableiten. Zu diesen abgeleiteten Formen zählt auch das Majoritätsprinzip, dessen Notwendigkeit aus dem Zwang zur Entscheidungsfindung in sozialen Verbänden folgt und bewirkt, daß wenigstens die Mehrheit der (Aktiv-) Bürger ihrem eigenen Willen unterworfen ist. Der Mehrheitsentscheid ist also nicht der zentrale Inhalt der Demokratie, sondern ein Behelf zur Umsetzung der demokratischen Freiheitsidee in der sozialen Wirklichkeit. Er darf sich nicht gegen seinen generierenden Grund, die Freiheit, kehren, ohne daß hier ein Widerspruch offensichtlich würde. Anders gesagt: die Methode der Entscheidungsfindung kann sich als abgeleitete Form nicht im Verhältnis zu ihrem tragenden Grund verselbständigen. Eine Mehrheitsentscheidung, die ihre eigene Basis beseitigt, kann nicht ihrerseits als Konsequenz oder Ausdruck des Demokratieprinzips gewertet werden: sie ist dessen Zerstörung.

Diese Erwägungen mögen zunächst rein akademisch anmuten. Gleichwohl sind sie keineswegs folgenlos. Denn in ihrem Licht erscheint es als durchaus möglich und den Grundprinzipien der Demokratie nicht widerstreitend, wenn etwa Verfassungsordnungen einer derartigen Selbstpreisgabe der Demokratie normative Grenzen setzen. Einer in manchem problematischen Norm wie der sog. „Ewigkeitsklausel" des Grundgesetzes (Art. 79 III GG)[132] kann, insofern sie das Demokratieprinzip auch gegen eine verfassungsändernde Zwei-Drittel-Mehrheit sichert, nicht Inkonsequenz bescheinigt werden. Sie erinnert vielmehr daran, daß es für eine freiheitliche demokratische Grundordnung gewisse unantastbare Grundprinzipien gibt, deren Beseitigung nur im Wege eines offenen Verfassungsbruches möglich ist.

Gleichwohl vermögen natürlich auch noch so hoch angesiedelte Verfassungsbestimmungen nur dünne juristische Zwirnsfäden zu spinnen, wenn sich eine übermächtige Koalition von Demokratiegegnern gebildet hat. Wichtiger und wirksamer ist es, die Überzeugung vom hohen Wert einer freiheitlichen Demokratie aufrechtzuerhalten und in breiten Schichten der Bevölkerung, vor allem aber auch in den politisch und kulturell führenden Kreisen zu verankern.[133] Hans Kelsen hat das Seine dazu getan.

Joh 18, Wertrelativismus und Demokratietheorie*

Hochansehnliche Festversammlung,
Aufgabe eines Festvortrages ist es nicht, in verkappter Form eine zweite oder gar dritte Laudatio zu halten. Das wäre in diesem Falle ohnehin ganz vergeblich bzw. unmöglich – denn alles wurde perfekt gesagt.

Aber ein Festvortrag darf, ja soll vielleicht sogar die Verbundenheit des Vortragenden mit dem Jubilar durch die Wahl des Themas zum Ausdruck bringen. Das will ich hier und heute gern versuchen, zumal es für mich eine große Freude und eine noch größere Ehre ist, mit dieser Aufgabe betraut worden zu sein. Ich bringe meine allerbesten Glückwünsche also in Gestalt einiger Überlegungen zu demokratietheoretischen Fragen unter besonderer Berücksichtigung des Werkes von Hans Kelsen dar – ein fachliches Band, an das sich weitere und andere Beziehungen anknüpften. Beim Thema fällt gewiß die Nennung eines Kapitels aus

* Es handelt sich um die überarbeitete und mit Anmerkungen versehene Fassung des Festvortrages, den ich am 28. November 2008 aus Anlaß des 60jährigen Geburtstages des seinerzeitigen Präsidenten des Österreichischen Verwaltungsgerichtshofes, Prof. Dr. Dr. h.c. Clemens Jabloner, im Stadtsenatssitzungssaal des Wiener Rathauses gehalten habe. Das erklärt die persönlichen Einleitungs- und Schlußworte, die aus Gründen der Authentizität nicht gestrichen wurden.

dem Johannes-Evangelium auf – und möglicherweise sogar etwas aus dem Rahmen. In der Tat ist es bei juristischen Themen eher unüblich, unmittelbar Bezug auf biblische Texte zu nehmen. Aber bei einem so schönen Anlaß wie dem heutigen darf man wohl auch einmal etwas Ungewöhnliches tun. Zudem liegt, wie ich sogleich erläutern möchte, *ein* Grund für diese Bezugnahme in der Sache selbst. Doch gibt es einen weiteren, persönlichen Grund. Mir wäre die Idee zu genau diesem Vortragstitel sicher niemals in den Sinn gekommen, wenn ich nicht vor über zehn Jahren gemeinsam mit Clemens Jabloner zum ersten und einzigen Mal in meinem Leben in Jerusalem gewesen wäre – und wenn wir beide dort nicht zusammen in der Grabeskirche gestanden hätten. Diese bewegenden Momente werden mir immer unvergeßlich sein.

I. Zur Deutung von Joh 18: Was ist Wahrheit?

1. Präsentation bei Hans Kelsen

Erinnern wir uns zunächst kurz daran, wie Hans Kelsen seine Abhandlung über »Wesen und Wert der Demokratie«[1] abschließt. Nach der Erörterung des Zusammenhanges von Wertrelativismus und Demokratie referiert er die benannte biblische Szene auf der Grundlage des Johannes-Evangeliums. Referieren heißt, daß er die entsprechenden Verse in eigenen Worten wiedergibt. Das klingt dann so:

> »Im 18. Kapitel des Evangelium Johannis wird eine Begebenheit aus dem Leben *Jesu* geschildert. Die schlichte, in ihrer Naivität lapidare Darstellung gehört zu dem großartigsten, was die Weltliteratur hervorgebracht hat; und, ohne es zu beabsichtigen, wächst sie zu einem tragischen Symbol des Relativismus und der – Demokratie. Es ist zur Zeit des Osterfestes, als man *Jesus* unter der Anklage, daß er sich für den Sohn Gottes und den König der Juden ausgebe, vor *Pilatus*, den römischen Statthalter führt. Und *Pilatus* fragt ihn, der in des Römers Augen nur ein armer Narr sein kann, ironisch: Also du bist der König der Juden? Und *Jesus* antwortet im tiefsten Ernste und ganz erfüllt von der Glut seiner göttlichen Sendung: Du sagst es. Ich bin ein König, und bin dazu geboren und dazu in die Welt gekommen, daß ich der Wahrheit Zeugnis gebe. Jeder, der aus der Wahrheit ist, höret meine Stimme. Da sagt *Pilatus*, dieser Mensch einer alten, müde und darum skeptisch gewordenen Kultur: Was ist Wahrheit? – Und weil er nicht weiß, was Wahrheit ist und weil er – als Römer – gewohnt ist, demokratisch zu denken, appelliert er an das Volk und veranstaltet – eine Abstimmung. – Er ging

> hinaus zu den Juden, erzählt das Evangelium, und sprach zu ihnen: Ich finde keine Schuld an ihm. Es ist aber bei euch Herkommen, daß ich euch am Osterfeste einen freigebe. Wollt ihr nun, daß ich euch den König der Juden freigebe? – Die Volksabstimmung fällt gegen Jesus aus. – Da schrien wiederum alle und sagten: Nicht diesen, sondern *Barabbas*. – Der Chronist aber fügt hinzu: *Barabbas* war ein Räuber.
> Vielleicht wird man, werden die Gläubigen, die politisch Gläubigen einwenden, daß gerade dieses Beispiel eher gegen als für die Demokratie spreche. Und diesen Einwand muß man gelten lassen; freilich nur unter einer Bedingung: Wenn die Gläubigen ihrer politischen Wahrheit, die, wenn nötig, auch mit blutiger Gewalt durchgesetzt werden muß, so gewiß sind wie – der Sohn Gottes.«[2]

Hier endet nicht nur das Zitat, sondern auch Kelsens Abhandlung. Man darf also als ersten bemerkenswerten Befund festhalten, daß eine der wichtigsten Demokratiebegründungsschriften des 20. Jahrhunderts mit den Worten »der Sohn Gottes« schließt.

2. Andere Würdigungen der biblischen Szene

Hans Kelsen war nun nicht der einzige, den die hochdramatische Szene bewegt und der sich mit ihr im Rahmen seines Genres beschäftigt hat. Aus der Literatur ist eine eindrückliche, wenn auch wenig bekannte kleine Erzählung von Dürrenmatt zu erwähnen[3]. Und im Kreis dessen, was man in diesem Falle höchst unzulänglich Sachbuchbereich nennen kann, darf der Hinweis auf Oswald Spengler nicht fehlen. In seinem Bestseller »Untergang des Abendlandes« heißt es in gewohnt bombastischem Ton:

> »Als Jesus aber vor Pilatus geführt wurde, da traten sich die Welt der Tatsachen und die der Wahrheiten unvermittelt und unversöhnlich gegenüber, in so erschreckender Deutlichkeit und Wucht der Symbolik, wie in keiner zweiten Szene der gesamten Weltgeschichte [...]. In der berühmten Frage des römischen Prokurators: Was ist Wahrheit? – das einzige Wort im Neuen Testament, das Rasse hat – liegt der ganze Sinn der Geschichte, die Alleingeltung der Tat, der Rang des Staates, des Krieges, des Blutes, die ganze Allmacht des Erfolges und der Stolz auf ein großes Geschick.«[4]

Ganz uneingeschüchtert von der leicht überspannten Tonlage dieser Formulierungen hat allerdings Rudolf Bultmann in seiner Kommentierung des Johannes-Evangeliums darauf hingewiesen, daß es hier gar nicht um den Gegensatz von Tatsachen und Wahrheiten geht, sondern die *eine*

Wirklichkeit der *anderen* gegenübertritt[5]. Und von politikwissenschaftlicher Seite wurde kritisch eingewandt, Spengler gebe hier »einem aller Ethik gegenüber gleichgültig eingestellten Voluntarismus in der Politik die geschichtsphilosophische Rechtfertigung«[6].

Im Bereich der Rechtswissenschaft, genauer gesagt: der Rechtsphilosophie, war es Gustav Radbruch, der bemerkenswert früh, nämlich noch vor Beginn des Ersten Weltkrieges, in seinen »Grundzügen« der Rechtsphilosophie sein stets waches Gespür für Anregungen und Bereicherungen unter Beweis stellte, die die außerjuristische Welt der Kultur-, Geistes- und Religionsgeschichte für ein tieferes Verständnis zentraler Rechtsfragen bereithält. In kompakten Wendungen ordnet er die Position des Pilatus – sachlich vielleicht nicht ganz zweifelsfrei – als »resignierten Zynismus« ein, dem er als positives Gegenbild Lessings Nathan gegenüberstellt[7]. In ganz typischer Weise hat wiederum Carl Schmitt der biblischen Episode eine dezidiert antiparlamentarische Stoßrichtung gegeben: Auf die Frage »Christus oder Barrabas [sic]« antworte der Liberalismus »mit einem Vertagungsantrag oder der Einsetzung einer Untersuchungskommission«[8].

Wohl am intensivsten oder am nachhaltigsten (wie man heute vermutlich sagen würde) aber war es eben Hans Kelsen, der die biblische Szene nicht nur in seiner grundlegenden Demokratieschrift, sondern auch später wiederholt aufgegriffen hat. So wie in »Wesen und Wert der Demokratie« die Pilatus-Frage am Ende steht, so bildet sie in seiner Abschiedsvorlesung über die Frage »Was ist Gerechtigkeit?«[9] aus dem Jahre 1953 eine Art Vorspruch, der zugleich deutlich werden läßt, daß Wahrheit in Bezug auf gesamtgesellschaftliche Fragen nichts anderes meint als: Gerechtigkeit.

Kelsen hat die biblische Episode nicht nur selbst intensiv *auf*gegriffen, sondern ist für seine Behandlung und Interpretation des Themas auch am heftigsten *an*gegriffen worden[10] – ein Schicksal, das ihm eigentlich bei jeder Themenbehandlung widerfuhr.

3. Joseph Ratzingers Kelsen-Kritik

Einen besonders prominenten Platz darf insofern die Kritik beanspruchen, die vom seinerzeitigen Kardinal Ratzinger (also dem späteren Papst Benedikt XVI.) geäußert worden ist[11]. Er führt gewissermaßen die schärfste Klinge. Kelsens Argumentation, wonach auch die Verurteilung Jesu durch eine Art von Volksabstimmung die Idee der Demokratie und des Mehrheitsprinzips letztlich nicht desavouieren könne, stößt bei Ratzinger auf schroffe Ablehnung. Bei Kelsen, so der römisch-katholische Intellektuelle, werde sichtbar, »daß der Relativismus seinen eigenen Dogmatismus in sich trägt: Er ist sich seiner selbst so gewiß, daß er auch denen auferlegt werden muß, die ihn nicht teilen. Im Letzten ist hier der

Zynismus unausweichlich [...] Wenn die Mehrheit – wie etwa im Fall des Pilatus – immer Recht hat, dann muß das Recht mit Füßen getreten werden.«[12]

Das sind schlimme, ja eigentlich vernichtende Vorwürfe, und was die Klinge anbelangt, handelt es sich eher um den schweren Säbel als um das Florett.

Die Durchschlagskraft der Argumentation wird allerdings durch mindestens zwei Umstände entscheidend gemindert.

Zum einen verkennt Ratzinger ganz offensichtlich die Grundstruktur der Argumentation in Kelsens Demokratieschrift, die gerade von der Idee (absoluter) Freiheit des Einzelnen ihren Ausgangspunkt nimmt und danach fragt, wie unter den Bedingungen einer pluralen Großgesellschaft die Idee der Selbstbestimmung und Autonomie aufrechterhalten werden kann – um darauf mit einer Stufenfolge von Metamorphosen zu antworten, die letztlich aus der absoluten, völlig uneingeschränkten Freiheit des Einzelnen die Mehrheitsentscheidung einer Repräsentativversammlung werden läßt[13]. Dieser Argumentationsgang, vor allem aber sein axiomatischer Ausgangspunkt individueller Freiheit, wird im Kern verfehlt mit Formulierungen wie der, für Kelsen gebe es keine andere Wahrheit als die der Mehrheit[14]. Dessen Frage ist vielmehr, wie die Mehrheitsentscheidung von den in der Abstimmung Unterlegenen ertragen werden kann, die in ihr gerade nicht die Wahrheit zu erkennen vermögen.

Zum anderen verfehlt Ratzinger die eigentliche Pointe Kelsens, wenn er als besonders skandalös anführt, daß hier der Glaube an die Mehrheit so absolut sein müsse wie der Glaube an Jesus Christus. Wörtlich heißt es beim vormaligen Kardinal: »Kelsen geht an einer Stelle sogar so weit zu sagen, diese relativistische Gewißheit müsse man notfalls auch mit Blut und Tränen auferlegen; man müsse ihrer so sicher sein, wie Jesus seiner Wahrheit sicher war.«[15] Denn das wird ja gar nicht behauptet. Vielmehr argumentiert Kelsen doch so, daß derjenige, der unter Berufung auf Jesu Verurteilung aufgrund einer Volksabstimmung die Demokratie *ablehnt*, sich seiner Sache so sicher sein müsse wie der religiös Gläubige. Das aber ist etwas ganz anderes, nämlich das gerade Gegenteil. Denn Kelsen will uns ja offenkundig fragen: Können wir eigentlich bei politischen Entscheidungen, die in einer Demokratie nicht von einem weisen Herrscher oder einem allwissenden Führer oder einer sonstigen absoluten Institution gefällt werden, sondern vom Volk und seinen Repräsentanten – können wir hier als politisch Handelnde unserer Sache eigentlich jemals so sicher sein wie wir das als bekennende Mitglieder einer Religionsgemeinschaft, als Christen, Juden oder Muslime etwa, in Bezug auf unseren Glauben sind oder sein sollten?[16]

Damit sind wir bei der zentralen Botschaft oder besser: der zentralen Frage der biblischen

Szene in ihrer Präsentation durch Kelsen. Es ist die Frage nach Art, Umfang und Konsequenzen des Wertrelativismus. Und ein Vorzug des recht knappen und sich im übrigen nur auf Sekundärliteratur stützenden Ratzinger-Textes[17] liegt ohne Zweifel darin, diesen Punkt als zentralen herausgestellt zu haben.

II. Zur Bedeutung von »Wertrelativismus«

Wenn wir nun von Wertrelativismus sprechen, so begeben wir uns auf unsicheren, schwankenden Boden. Denn beileibe nicht immer – und der Ratzinger-Text bietet einen, wenngleich bei weitem nicht den einzigen Beleg dafür – ist hinlänglich klar, was damit jeweils gemeint ist. Und schon gar nicht, ob damit eigentlich eine bestimmte Position näher gekennzeichnet oder sogleich ein Verdammungsurteil ausgesprochen sein soll. Unschwer lassen sich hier allfällige Parallelen zum Terminus Rechtspositivismus erkennen[18].

1. Harter Begriffskern

Einen vergleichsweise harten Begriffskern von Wertrelativismus aber gibt es. Gemeint ist damit im Sinne eines philosophischen oder auch ethischen oder erkenntnistheoretischen Wertrelativismus, daß sich Werturteile einer rationalen, intersubjektiv verbindlichen Beweisführung entziehen, also nicht objektive Gültigkeit für sich reklamieren können. Die wissenschaftliche Feststellung letzter Zwecke ist danach unmöglich[19].

Max Weber war es, der diese Art des Wertrelativismus wortmächtig und konsequent wie kaum ein anderer vertreten und gegen alle Einwände behauptet hat. Er ging von der unwiderleglichen »Möglichkeit prinzipiell und unüberbrückbar *abweichender* letzter Wertungen« aus[20]. Die »›Unaustragbarkeit‹ gewisser letzter Wertungen«[21], sozusagen ein Polytheismus der Werte – das war für ihn der alles entscheidende Punkt[22]. Eine ganz spezifische Stoßrichtung dieser grundsätzlichen Perspektive lag übrigens darin, daß Wissenschaftler (z.B. Staatsrechtslehrer) sich für ihre subjektiven Wertpräferenzen nicht auf den besonderen Nimbus und ihre besondere Qualifikation als Fachleute berufen dürfen. *In politicis* sind sie eben nicht renommierte und mit besonderen Fachkenntnissen ausgestattete Experten, sondern nur Bürger unter anderen Bürgern, mit gleichem Stimmrecht wie diese[23]. Der Mythos des Protagoras faßt diesen Aspekt elementarer politischer Gleichheit in eine bis heute gültige und unübertroffene Form[24].

Kelsen selbst präsentiert für die wissenschaftlich-rationale Unentscheidbarkeit fundamentaler Wertungsfragen in seiner kleinen Schrift »Was ist Gerechtigkeit?« einige Beispiele[25]. Ob das Leben eines jeden einzelnen Menschen für die anderen ein absolut geschütztes Gut oder – etwa im

Kriegsfalle – das Tötungsverbot jedenfalls für die kämpfenden Armeen aufgehoben ist, stellt eine durchaus strittige Frage dar (die, wie man hinzufügen könnte, von Kriegsdienstverweigerern anders beantwortet werden wird als von Generälen). Ob das Leben oder die Freiheit höher einzustufen ist, läßt sich kaum objektiv entscheiden; entsprechend unterschiedlich fallen die Urteile aus, ob ein Sklave, der keine Chance hat, jemals wieder die Freiheit zu erlangen, sich umbringen darf oder nicht. Die gleiche Unsicherheit im Sinne fehlender objektiver Entscheidbarkeit findet sich bei letzten politisch-sozialen Orientierungen: Ist die *Freiheit* des Einzelnen im Staat der höchste Wert, oder ist es die *Sicherheit* aller?

Also kurz: Welcher Wert in einem Konflikt höher rangiert – Leben oder Freiheit, Freiheit oder Gleichheit, Freiheit oder Sicherheit, Wahrheit oder Gerechtigkeit, Wahrhaftigkeit oder Menschlichkeit, Individuum oder Nation, das hängt vom Standpunkt des urteilenden Subjekts ab und ist insofern relativ[26].

Klar bleibt immer: Eine gewissermaßen wissenschaftliche, objektive und rationale Begründung ist für derartige Werturteile im Unterschied zu naturwissenschaftlichen Aussagen nicht möglich[27].

2. Wertrelativismus, nicht Wertnihilismus

Allerdings – und diesem »allerdings« kommt nun die denkbar höchste Valenz zu – allerdings besagt dies nun keineswegs, daß man in lebensweltlichmoralischen oder in gesamtgesellschaftlich-politischen Fragen keine praktischen Urteile fällen oder entsprechende Standpunkte mit der größtmöglichen Entschiedenheit vertreten könnte[28]. Niemand, der die objektive wissenschaftliche Beweisbarkeit bestimmter Werturteile negiert, muß sich daran gehindert sehen, eben diese in seiner eigenen Lebensgestaltung strikt zu befolgen und bzw. oder als Maximen seines gesellschaftlichen Engagements zu wählen[29]. Der Relativismus gehört, wie Radbruch es formulierte, der theoretischen, nicht der praktischen Vernunft an: »Er bedeutet Verzicht auf die wissenschaftliche Begründung letzter Stellungnahmen, nicht Verzicht auf die Stellungnahme selbst.«[30]

Und Max Weber hat, dem Zeugnis seiner Frau Marianne in ihrer Biographie seines Lebens gemäß, die Deutung seines Standpunkts als Relativismus (im eben erwähnten Sinne von Beliebigkeit) als ›gröblichstes Mißverständnis‹ zurückgewiesen. Bei ihr heißt es über Weber:

> »Denn so selbstverständlich ihm ist, daß die Unbedingtheit konkreter Ideale nicht beweisbar ist, ebenso selbstverständlich *glaubt* er daran und verlangt von sich selbst ihre Verwirklichung: Ueber das Was des Sollens können verschiedene Meinungen zu gleichem Recht bestehen, aber daß allein die Wahl und Anerkennung von Idealen, Aufgaben, Pflichten, Sinn und Würde

> menschlichen Daseins schafft, ist ihm unbezweifelbare innere Gewißheit.«[31]

Für Max Weber lag, wie er in seinem großen Objektivitäts-Aufsatz schreibt, die ganze »Würde der ›Persönlichkeit‹ darin beschlossen, daß es für sie Werte gibt, auf die sie ihr eigenes Leben bezieht«[32] – und dies gerade im vollen Bewußtsein der mangelnden objektiven Beweisbarkeit jener Werte. Exakt auf dieser Linie hat Radbruch eine Haltung als »dekadente Blasiertheit« gegeißelt, »die alle Wertungen für gleich richtig und gleich falsch erklärte.«[33] Eine solche »boshafte Gleichsetzung von Gutem und Bösem« liegt eben auch nicht Kelsens Wertrelativismus zugrunde, sondern »eine Haltung wissenschaftlicher Bescheidenheit [...], die die Möglichkeit wissenschaftlicher Aussagen ziemlich eng [...] begrenzt sieht«[34].

Daraus folgt, daß der theoretische Wertrelativismus keineswegs, wie gern und oft unterstellt und mit anklägerischem Pathos formuliert, zur Rat- und Tatlosigkeit in alltagspraktischen Wertfragen führt. Er zwingt weder zur defätistischen Gleichgültigkeit noch zum politischen Zynismus. Vor allem hat Relativismus nichts mit Schwäche zu tun, sondern zeugt eher von Stärke: der Stärke, Entscheidungen angesichts der Einsicht in die wissenschaftliche Unbeweisbarkeit letzter Werte treffen und verantworten zu müssen. Insofern wirkt das *ignoramus* in Bezug auf die Frage, was Wahrheit sei, nicht als billige Entlastungsformel für das eigene Denken und Handeln, »sondern belastet damit jeden einzelnen«[35]. Das heißt in einer ersten Zwischenbilanz: Keine noch so tiefe Einsicht in die Unmöglichkeit objektiver, wissenschaftlich haltbarer Beweisbarkeit bestimmter letzter Wertungen kann und soll uns daran hindern, unseren grundlegenden Überzeugungen und Gewißheiten (seien sie religiöser, politischer oder sonstiger Art) gemäß zu leben und zu handeln, also unserem eigenen Wertkompaß zu folgen. Wertrelativismus meint nicht Wertnihilismus.

3. Wertrelativismus, kollektive Entscheidungen und das »Faktum des Pluralismus«

Solange sich diese praktischen Wertungs- und Entscheidungsfragen ganz auf die Gestaltung der eigenen Lebenswelt und ihren Vollzug beschränken (religiös gesprochen: auf das forum internum), ergeben sich nun keine weiteren Probleme – vorausgesetzt allerdings, daß die jeweilige gesellschaftlich-politische Ordnung Raum für solche private Lebensgestaltung läßt, was keineswegs als selbstverständlich vorausgesetzt werden kann, hier aber der Einfachheit halber unterstellt werden soll. Ob der eigene Leitstern des Lebens sich eher in christlicher Brüderlichkeitsethik oder in wirtschaftlichem Gewinnstreben, eher in Einsamkeit und Freiheit wissenschaftlicher Autarkie oder in entfesselter Hingabe an andere Lebensmächte wie die Kunst entfaltet, das bleibt in der insofern präzisierten Bestimmung des Wertrelativismus letztlich jedem Einzelnen überlassen[36].

Ganz andere, aber für das Demokratiethema umso gewichtigere Fragen stellen sich freilich dann, wenn man die reine Innerlichkeit bzw. Privatheit letzter Wertgesichtspunkte und damit die »Betrachtungsweise individueller Ethik«[37] verläßt. Betreten wir das Feld gesellschaftlicher Ordnung und damit die Welt der für alle verbindlichen normativen Regeln, also die Staats- und Rechtsordnung, so reicht die bloße Nebeneinanderstellung subjektiver Werturteile und entsprechender Handlungsweisen nicht mehr aus. Für die Verbindlichkeit kollektiver Entscheidungen bedarf es anderer Verfahren, Begründungen und Voraussetzungen.

An historischen Erfahrungen, die hinter dieser Einsicht stehen, herrscht kein Mangel. Es dürfte genügen, hier die Erinnerung an die in unserem kollektiven Gedächtnis tief verankerten konfessionellen Bürgerkriege des 16. und 17. Jahrhunderts wachzurufen[38]. Nicht, daß der ethisch und weltanschaulich neutrale Staat[39] direkt unmittelbares Produkt der Bürgerkriege und Instrument zu ihrer Überwindung war, wie man das oft hören kann[40]. Denn noch lange Zeit nach der Glaubensspaltung war Konfessionalisierung des Staates und nicht staatliche Säkularisierung das prägende und politisch erfolgreiche Konzept[41]. Es hat gedauert, bis der Staat die religiöse Wahrheitsfrage suspendierte, sie letztlich in die private Sphäre abdrängte und sich in weltanschaulich-religiöser Neutralität über die Konfliktparteien stellte[42]. Aber auf lange Sicht und im Heiligen Römischen Reich Deutscher Nation jedenfalls auf Reichsebene wurde aus den nicht nachlassenden Konflikten (wie auch aus anderen Gründen) die Lehre gezogen, die Identifikation des Staates mit einem bestimmten Glauben, einer bestimmten Konfession zu beenden, die Glaubensfrage also gleichsam zu privatisieren und den Staat innerweltlich zu legitimieren. Ende der Staatskirche, Religionsfreiheit und staatliche Neutralität sind die entscheidenden Stichworte für die gewaltigen historischen Prozesse, die an dieser Stelle genügen müssen.

Im Alten Reich ging der Entwicklungsprozeß so von der vorreformatorischen Glaubenseinheit über die Glaubenszweiheit[43] des Augsburger Religionsfriedens bis hin zur Glaubensdreiheit (nämlich dem Einbezug der Reformierten) im Westfälischen Frieden[44]. Das waren gleichsam Schritte auf dem Wege zur Glaubenspluralität. Und heute haben wir auf der Ebene nationaler Verfassungen sowie europäischer oder internationaler Menschenrechtsdokumente wie der EMRK oder den Menschenrechtspakten umfassende Garantien für die Freiheit des religiösen oder weltanschaulichen Bekenntnisses, die immer auch das Recht zum Bekenntniswechsel sowie zum Nichtbekenntnis umfaßt[45].

Zudem zeichnen sich die freiheitlichen Staaten durch einen Pluralismus aus, der weit über den

Bereich von Glauben und Weltanschauung hinausgeht. Moderne Gesellschaften stellen sich als auf vielfältige Weise differenziert, getrennt, gespalten, kurz: plural dar. Es ist ein Gemeinplatz, von der Partikularität und Fragmentierung, der Differenz und Vielfalt, der Segmentierung und Separierung moderner Gesellschaften zu sprechen. Kelsen selbst wurde ja nicht müde, auf den Kampf der Klassen und Interessen, die Unterschiede der Meinungen und Glaubensrichtungen, der Wertorientierungen und der Lebensführungsstile hinzuweisen. Heute zitiert man, um diesen Tatbestand so kurz und knapp wie möglich zu benennen, gern die Wendung des amerikanischen Sozialphilosophen John Rawls vom »Faktum des Pluralismus«[46]. Wenn nun Rawls an einer Schlüsselstelle seines Werkes über den politischen Liberalismus von 1993 die Frage stellt, wie es eine stabile Gesellschaft von Freien und Gleichen geben könne, obwohl sich in der pluralen Gesellschaft doch unvereinbare Auffassungen (im Original ist von *doctrines* die Rede) religiöser, philosophischer und moralischer Art finden[47], so spricht er exakt das Thema an, welches Kelsen in seiner Demokratieschrift bewegt hat – nur siebzig Jahre früher. Denn anders als etwa sein Zeitgenosse und Widerpart Carl Schmitt[48] hat Kelsen die plurale Vielfalt der Gesellschaft nicht als Störfaktor und etwas zu Beseitigendes angesehen, sondern sich dem Faktum des Pluralismus gestellt und es seiner Demokratiekonzeption zugrundegelegt[49].

Genau dies führt zu einem ganz entscheidenden Punkt.

Denn wenn nun bei der Gestaltung einer Staats- und Rechtsordnung nicht auf gemeinsame Weltanschauungen und Wertsysteme zurückgegriffen werden kann, es keine von allen geteilte Glaubens- und Interessenbasis gibt, keine prästabilierte Harmonie, sondern Vielfalt, Differenz, ja Konflikt herrscht – wie kann diese Pluralität ausgehalten, wie können die unvermeidlichen Dissonanzen ertragen, und vor allem – wie kann dennoch letzten Endes eine für alle verbindliche staatliche Ordnung errichtet werden? Und wie kann und soll das in einer demokratischen Staatsordnung möglich sein, die ja den Anspruch erhebt, sich vom Willen der Bürger abzuleiten, also eine Form kollektiver Selbstbestimmung darzustellen, sich also nicht auf Tradition, auf Rasse- oder Klassenideologien oder schlicht auf die Herrschaft der Bajonette stützt?

Diese Frage zu stellen heißt, die Frage nach der Möglichkeit demokratischer Ordnung auf pluraler gesellschaftlicher Grundlage aufzuwerfen. Sie ist der Gegenstand von Kelsens Schrift »Vom Wesen und Wert der Demokratie«, aus der eingangs ausführlich zitiert wurde. Bei ihr handelt es sich in der Tat um eine der bedeutendsten Demokratiebegründungsschriften überhaupt[50]. Das wird langsam auch der Politikwissenschaft in Deutschland bewußt[51]. Ihr gilt nun unser Augenmerk.

III. Zur Ausdeutung von Demokratie: Freiheit in der pluralen Gesellschaft

1. Metamorphosen der Freiheit

Daß Kelsens Ausgangspunkt die Freiheit des Einzelnen ist, wurde eingangs bereits erwähnt[52]. Präzisierend können wir hinzufügen: gemeint ist immer die gleiche Freiheit aller. Und gesagt ist damit auch und zugleich, daß staatliche Herrschaft dem Einzelnen gegenüber immer begründungsbedürftig, sozusagen rechenschaftspflichtig ist. Der Staat bildet also keine als absolut vorausgesetzte Größe, keinen Selbstzweck. Das Individuum liegt ihm voraus[53].

Doch muß die gleichsam anarchische Freiheit des Einzelnen im Naturzustand unter den Bedingungen eines Lebens in Gemeinschaft, zumal in einem gesellschaftlichen Großverband wie dem modernen Flächenstaat, gewaltigen Einschränkungen unterworfen und das Freiheitskonzept entsprechenden Wandlungsprozessen unterzogen werden. Die Freiheit der Anarchie, so sagt Kelsen es selbst, wandelt sich zur Freiheit der Demokratie[54], und die dabei notwendigen Wandlungsprozesse sind so gewaltig, daß er gelegentlich die drastische Wendung von der »im Grunde genommen unrettbare(n) Freiheit des Individuums« gebraucht[55]. In der Tat verdünnt sich die Selbstbestimmung über die eigene Person zunehmend: Da Einstimmigkeit in einem sozialen Großverband praktisch nicht herstellbar ist, muß als Entscheidungsprinzip der Majoritätsgrundsatz gelten; und da in modernen Großflächenstaaten Formen direkter Demokratie zwar punktuell und ergänzend praktiziert werden können, aber nicht als regulärer Entscheidungsmechanismus in Betracht kommen, muß die Gesetzgebungskompetenz auf gewählte Vertreter, auf ein Parlament etwa, übertragen werden. Mehrheitsprinzip und Repräsentation, aber auch die Notwendigkeit der Existenz politischer Parteien (als eines besonders wichtigen Falles pluralistischer Verbandsstruktur) in ihrer Funktion als Formen der Interessenbündelung erfahren aufgrund dieser Metamorphosenanalyse eine plausible, ja elegante Erklärung[56]. Indem Kelsen gesellschaftliche Vielfalt und Interessengegensätze nicht ignoriert oder perhorresziert, sondern der Gesamtkonstruktion zugrundelegt, stellt sich ihm Demokratie im Kern als ein politisches System parlamentarischer Repräsentation mit dem Mehrheitsprinzip als maßgeblichem Entscheidungsmodus dar.

2. Zur Rechtfertigung des Mehrheitsprinzips

Beschrieben sind damit freilich nur die internen Funktionsmechanismen, also die Strukturelemente demokratischer Organisation. Eine gravierende Frage bleibt jedoch offen: Warum soll die Mehrheitsentscheidung eigentlich für alle verbindlich sein, genauer: Warum soll sie von allen akzeptiert werden? Da jede Mehrheitsentscheidung eine unterlegene Minderheit zurückläßt, fragt sich doch, warum diese sich einem Willen beugen soll, der dezidiert nicht der ihre ist[57]. Und dieses Problem wird umso drängender, je stärker die Vertreter der unterlegenen Position von der absoluten Richtigkeit ihrer Auffassung und der hohen Wichtigkeit des zu entscheidenden Problems überzeugt sind. Warum sich fügen, wenn man es besser weiß, weil man die Wahrheit kennt? Warum wider besseres Wissen den Mehrheitswillen akzeptieren, den man nicht teilt, zumal wenn dieser so grausam irren kann wie in der eingangs in Erinnerung gerufenen biblischen Szene?

a) Mehrheit impliziert nicht Wahrheit

Daß man in modernen, pluralistischen Zeiten für die Geltung des Mehrheitsprinzips nicht einfach das aristotelische Argument mobilisieren kann, wonach in der Mehrheitsentscheidung eben die Wahrheit zum Ausdruck gelange[58], bedarf wohl keiner weiteren Ausführungen. Und auch Kelsen versucht erst gar nicht eine Beweisführung nach Art der bekannten lateinischen Sentenz *vox populi vox Dei* (Volkes Stimme als Gottes Stimme). Anders, als Ratzinger suggeriert, spricht Kelsen dem Mehrheitsentscheid des Volkes keine höhere Weisheit oder gar den Status letzter Wahrheit zu, stattet er die demokratische Mehrheitsherrschaft keineswegs mit dem Nimbus der Unfehlbarkeit aus. Ganz im Gegenteil hält er dafür nur eine fast schon spöttische Bemerkung bereit: Das hieße ja, so schreibt Kelsen, an ein Gottesgnadentum des Volkes zu glauben, »eine Zumutung, ebenso unmöglich wie jene, die das Gottesgnadentum eines Fürsten proklamiert«[59].

b) Autonomie der größeren Zahl

Kelsen selbst stützt nun die Rechtfertigung des Mehrheitsprinzips – im Zuge seines Metamorphosenmodells ganz konsequent entwickelt – im wesentlichen darauf, daß dadurch jedenfalls mehr Menschen in Einklang mit ihrem eigenen Willen leben können, während sich nur die Minderheit einer aus ihrer Sicht heteronomen Entscheidung beugen muß[60]. Das klingt zwar etwas mechanisch, war aber so nicht sehr viel anders etwa bei John Locke konzipiert[61] und ist, gesamtgesellschaftlich betrachtet, sicher zutreffend. Denn die demokratische Mehrheitsregel wird so letzten Endes im Gedanken gleicher Selbstbestimmung aller verankert – sozusagen in der Autonomie der größeren Zahl. Nur den Unterlegenen, die die Mehrheitsentscheidung ja ohnehin für falsch und unrichtig halten, wird dieser Umstand wenig Trost spenden können, ja sie möglicherweise eher noch erbitterter machen[62].

c) Revisibilität der Entscheidung

Deshalb darf als dritte (nach dem Wahrheits- und dem Freiheitsargument) und unter den komplexen Bedingungen moderner Gesellschaften wichtigste Rechtfertigungsgröße für das Mehrheitsprinzip ein eher verfahrensbezogenes, prozedurales Argument gelten: das der prinzipiellen Revisibilität der mit Mehrheit getroffenen Entscheidung. Sie gilt, weil das Ergebnis der Wahl oder Abstimmung revisibel ist. Die Minderheit von heute ist die Mehrheit von morgen – oder könnte doch zumindest dazu werden. Zu wissen, daß eine solche Umkehr der Verhältnisse möglich ist, söhnt vielleicht am stärksten mit dem Umstand aus, in einer aktuellen Abstimmung oder Wahl unterlegen zu sein[63]. Die durch die legitimen Inhaber der staatlichen Gewalt getroffenen Entscheidungen entfalten volle Verbindlichkeit – bis zu ihrer Revozierung. Insbesondere die jeweilige legislative Entscheidung ist eben, wie Niklas Luhmann die motorisierte Gesetzgebungsarbeit unserer Tage einmal treffend charakterisiert hat, eine »momentan eingefrorene Präferenz«[64]. Sie kann sich ändern, sozusagen aufgetaut werden. Sie kann sich ändern, weil die Verhältnisse und die Argumente sich ändern; sie kann sich vor allem deswegen ändern, weil Demokratie immer nur »Herrschaft auf Zeit«[65] ist und nach neuen Wahlen oder bei neuen Abstimmungen aus der Minderheit die Mehrheit wird – und umgekehrt! Demokratie ist, so gesehen, sicher kein fehlerfreies, aber ein fehlerkorrekturfreundliches System. Das gilt freilich nur bei nicht gänzlich irreversiblen Entscheidungen – was, nebenbei gesagt und um auf unsere biblische Episode anzuspielen, ein starkes Argument gegen die Todesstrafe bereitstellt.

Ganz unabhängig von dieser prototypisch irreversiblen Maßnahme ist auch ansonsten klar, daß an diese Art prinzipieller Revisibilität niemals der hypertrophe Anspruch gestellt werden kann, die Folgen aller früheren Entscheidungen umfassend zu beseitigen und ihre Spuren sozusagen vollständig auszulöschen[66]. Dennoch bleibt im Kern gewiß, daß erst diese Revisibilität »volle demokratische Legitimität« verleiht[67] – und im übrigen Frieden stiftet. Ohne Aussicht auf Revision, auf Wandel, auf *change* hätte sich im übrigen eine besonders freiheitsliebende Nation jenseits des Atlantiks womöglich mit der gegebenen Machtverteilung in den letzten Jahren nicht so ohne weiteres abgefunden.

3. Realvoraussetzungen der Demokratie

Selbst wenn wir nun aber auf der staatstheoretischen Ebene über brauchbare und vielleicht sogar tragfähige Erklärungen für die Geltung des Mehrheitsprinzips verfügen, so ist doch mit ihnen die Frage nach den Momenten, die Demokratie zu einer stabilen, akzeptierten und vor allem funktionierenden Herrschaftsform machen, noch nicht beantwortet. Was sind nun, so unsere letzte Frage, die Gelingensvoraussetzungen demokratischer Ordnung? Lassen sich gewissermaßen Realbedingungen für eine funktionierende

Demokratie ausfindig machen? Und wenn ja, welche wären das?

Natürlich eröffnet sich hier ein weites Feld von Aspekten und Problemen, auch von Disziplinen: Soziologie und Sozialpsychologie[68], Politikwissenschaft wie vielleicht Pädagogik sind dabei gefragt[69]. Auch nicht ansatzweise können die hier relevanten Aspekte diskutiert, noch nicht einmal stichwortartig aufgelistet werden. Belassen wir es daher bei der Beobachtung, daß Kelsen als Realvoraussetzung ein ums andere Mal ein gewisses Mindestmaß an sozialer und kultureller Homogenität herausstreicht, nicht ohne zu betonen, daß soziale Interessenkonflikte selbst harter und härtester Art vielleicht in der politischen Demokratie besser als in jeder anderen Ordnung einer friedlichen Lösung zugeführt werden könnten[70]. Aber ohne ein Mindestmaß an Homogenität wird die unterlegene Minderheit geneigt sein, das Mehrheitsvotum als bloßes »Machtplus«[71], also als Unterjochung, zu interpretieren oder doch zu empfinden. Ein zentraler, vielleicht der wichtigste Homogenitätsfaktor ist für Kelsen die gemeinsame Sprache. Man muß sich verständigen können, um sich verstehen zu können; nur wenn man sich untereinander verständigen kann, kann man sich auch vertragen[72]. Sonst redet man im wahrsten Sinne des Wortes aneinander vorbei.

Vertragen meint übrigens nicht die gemütvoll-biedermeierliche Vorstellung eines »seid nett zueinander« oder »nun streitet doch nicht so«.

Sondern sie meint die friedliche Austragung von Konflikten im politischen Raum unter ausdrücklicher Anerkennung fundamentaler Differenzen und der Beibehaltung unterschiedlicher Standpunkte. Dazu gehört allerdings auch, unausweichliche Kompromisse nicht immer gleich mit dem Adjektiv »faul« zu versehen[73]. Andererseits verlangt diese Art von Konfliktaustragung gerade nicht, daß man selbst sozusagen zum wandelnden Vermittlungsausschuß werden muß. Niemand muß in sich, in seiner eigenen unverwechselbaren Persönlichkeit, schon alle weiteren und anderen Positionen ausgleichen, relativieren und ausbalancieren. Demokratie ist vielleicht weniger eine Charakterfrage als eine Frage kluger und rationaler politischer Organisation[74], aber nicht minder natürlich von Erziehung und Bildung.

Zu den Realvoraussetzungen gehört schließlich auch, daß es keine strukturelle, unabänderliche Versäulung der Gesellschaft geben darf[75]. Die Machtwechselchance muß einigermaßen real sein, damit der Revisibilitätsgedanke trägt. Deswegen ist auch freie politische Willensbildung so wichtig und deswegen bilden Grundrechte wie die Meinungs- und die Pressefreiheit (um nur zwei zu nennen) integrale Bestandteile demokratischer Ordnungen. Als solche sind sie weniger gemeinsamer Nenner und Ausdruck eines letztlich doch gegebenen Grundkonsenses oder einer von allen getragenen Werteordnung, sondern eher Basis und legitime Grundlage für den

Ausdruck pluralistischer Vielfalt, also für Dissens. Es kommt nicht darauf an, den Dissens möglichst zu vermeiden oder gering zu halten oder ihn in einer höheren Wertesphäre als aufgelöst zu betrachten, sondern das integrative Potential des Dissenses und der Konfliktaustragung zu entdecken und zu pflegen[76].

Es ist nur scheinbar paradox: Erst wenn wir Interessenkonflikte und Meinungsverschiedenheiten anerkennen und sie im Streit der Positionen austragen, mit Argument und Gegenargument und nicht mit Blut und Schwert (um noch einmal auf Kelsens eingangs zitierte Schlußworte zu rekurrieren), dann kann das Recht – auch und gerade das Recht einer Demokratie – seine höchste und schwierigste Aufgabe erfüllen: Frieden zu sichern[77].

Dem Friedensthema hat unser Jubilar eindringliche Studien gewidmet – als Rechtswissenschaftler, während er zugleich als hoher und höchster Richter selbst Akteur im immer komplexer werdenden Rechtsfindungs- und Rechtserzeugungsprozeß ist: eine bemerkenswerte Doppelrolle! Wie hat er doch selbst am Ende seines Vortrags an der Berliner Humboldt-Universität, nur wenige Monate nach unserem gemeinsamen Jerusalem-Ausflug, gesagt:

> »Der genannte Zusammenhang zeigt auch, daß das Recht verschiedenen Werten verpflichtet sein kann, der Gerechtigkeit als

>›Rechtsideal‹, dem Frieden oder der Sicherheit – die Wissenschaft aber stets nur einem Ideal, der *Wahrheit.*«[78]

Dem ist nichts hinzuzufügen. Außer: so ist es. Dem Jubilar die herzlichsten Glückwünsche!

Anmerkungen

Die Texte sind behutsam vereinheitlicht worden, was ihre Gliederung sowie die Gestaltung der Fußnoten angeht. Offenkundige Druckfehler wurden stillschweigend korrigiert. Die dem ersten Beitrag im Original hinzugefügte kurze Literaturliste wurde mit Blick auf die am Ende dieses Bandes zu findende Auswahlbibliographie zu Kelsen sowie zur Sekundärliteratur gestrichen.

Hans Kelsen (1881–1973)

Erstveröffentlichung in: Peter Häberle/Michael Kilian/Heinrich Amadeus Wolff (Hrsg.), Staatsrechtslehrer des 20. Jahrhunderts. Deutschland – Österreich – Schweiz, 2. Aufl., Berlin–Boston 2018, S. 281–303.

1 Zur ersten Orientierung über Werk und Lebensweg: *R. A. Métall,* Hans Kelsen. Leben und Werk, 1969; *R. Walter/ C. Jabloner,* Hans Kelsen (1881–1973). Leben – Werk – Wirkung, in: M. Lutter/E. C. Stiefel/M. H. Hoeflich (Hrsg.), Der Einfluß deutschsprachiger Emigranten auf die Rechtsentwicklung in den USA und in Deutschland, 1993, S. 521 ff.; *H. Dreier,* Hans Kelsen (1881–1973): „Jurist des Jahrhunderts?", in: H. Heinrichs u.a. (Hrsg.), Deutsche Juristen jüdischer Herkunft, 1993, S. 705 ff. – Wichtig jetzt die Autobiographie Kelsens von 1947, leicht zugänglich in: Hans Kelsen im Selbstzeugnis. Sonderpublikation anläßlich des 125. Geburtstages von Hans Kelsen am 11. Oktober 2006, hrsgg. von M. Jestaedt in Kooperation mit dem Hans Kelsen-Institut, 2006 (dort S. 97 ff. eine detaillierte Chronik). – Die drei Festschriften: Gesellschaft, Staat und Recht. Festschrift, Hans Kelsen zum 50. Geburtstage gewidmet, hrsgg. v. A. Verdroß, 1931; Law, State, and International Legal Order. Essays in Honor of Hans Kelsen, Knoxville 1964; Festschrift für Hans Kelsen zum 90. Geburtstag, hrsgg. v. A. Merkl, 1971.

2 Bereits im Jahr zuvor war erschienen: *Hans Kelsen*, Die Staatslehre des Dante Alighieri, 1905.

3 Hintergrund: In Österreich gab es das Institut der Zivilehe erst ab 1938. Es galten also die Regeln der jeweiligen Konfession. Nach katholischem Kirchenrecht waren Scheidung und Zweitehe ausgeschlossen. Mit der Zugehörigkeit zum evangelischen Bekenntnis hielt man sich diese Möglichkeiten offen.

4 *Hans Kelsen*, Hauptprobleme der Staatsrechtslehre entwickelt aus der Lehre vom Rechtssatze, 1911 (2., um eine Vorrede vermehrte Auflage 1923).

5 Siehe nur die Rezension von *F. Caro*, Schmollers Jahrbuch für Gesetzgebung, Verwaltung und Volkswirtschaft im Deutschen Reich 36 (1912), S. 1928 ff.

6 *Hans Kelsen*, Reine Rechtslehre. Einleitung in die rechtswissenschaftliche Problematik, 1934 (nachfolgend abgekürzt zitiert: RR1). – Zur Entwicklung seiner Lehre in diesen beiden Jahrzehnten eingehend *M. Jestaedt*, Von den „Hauptproblemen" zur Erstauflage der „Reinen Rechtslehre", in: R. Walter/W. Ogris/T. Olechowski (Hrsg.), Hans Kelsen: Leben – Werk – Wirksamkeit, 2009, S. 113 ff.

7 Detailliert zu dieser Lebensphase *J. Busch*, Hans Kelsen im Ersten Weltkrieg. Achsenzeit einer Weltkarriere, in: Walter/Ogris/Olechowski (Fn. 6), S. 57 ff.

8 Vertiefend und differenziert hierzu *G. Schmitz,* Die Vorentwürfe Hans Kelsens für die österreichische Bundesverfassung, Wien 1981; *F. Ermacora,* Die österreichische Bundesverfassung und Hans Kelsen, 1982; *G. Stourzh,* Hans Kelsen, die österreichische Bundesverfassung und die rechtsstaatliche Demokratie (1982), in: ders., Wege zur Grundrechtsdemokratie, 1989, S. 309 ff.; *T. Olechowski,* Der Beitrag Hans Kelsens zur österreichischen Bundesverfassung, in: Walter/Ogris/Olechowski (Fn. 6), S. 211 ff.

9 Statt vieler *Olechowski,* Beitrag (Fn. 8), S. 227 m.w.N. – Die Konzentration der Prüfung von Gesetzen auf ihre Verfassungsmäßigkeit auf ein speziell dafür geschaffenes Gericht wird auch als „österreichisches Modell" bezeichnet; s. nur *T. Öhlinger*, Die Entstehung und Entfaltung des österreichischen Modells der Verfassungsgerichtsbarkeit, in: FS Ludwig Adamovich, 2002, S. 581 ff.

10 Zu seinem Wirken *R. Walter*, Hans Kelsen als Verfassungsrichter, 2005.

11 Speziell zu dieser Problematik eingehend *C. Neschwara,* Kelsen als Verfassungsrichter. Seine Rolle in der Dispensehen-Kontroverse, in: S.L. Paulson/M. Stolleis (Hrsg.), Hans Kelsen: Staatsrechtslehrer und Rechtstheoretiker des 20. Jahrhunderts, 2005, S. 353 ff.; *ders.,* Hans Kelsen und das Problem der Dispensehen, in: Walter/Ogris/Olechowski (Fn. 6), S. 249 ff.

12 *Hans Kelsen,* Rechtswissenschaft und Recht. Erledigung eines Versuchs zur Überwindung der „Rechtsdogmatik", in: ÖZöR 3 (1922), S. 103–235; *ders.,* Der Staat als Übermensch. Eine Erwiderung, 1926; *ders.,* Rechtsgeschichte gegen Rechtsphilosophie? Eine Erwiderung, 1928. – Eingehend zu diesen und anderen Konflikten *A.-J. Korb,* Kelsens Kritiker, 2010, insb. S. 77 ff.

13 Zur langen Vorgeschichte und den Debatten *B. Heimbüchel,* Die neue Universität. Selbstverständnis – Idee und Verwirklichung, in: ders./K. Pabst, Kölner Universitätsgeschichte, Bd. II: Das 19. und 20. Jahrhundert, 1988, S. 453 ff.; *B. Rüthers,* Universität im Umbruch. Hans Kelsen und Carl Schmitt in Köln 1933, in: AnwBl. 1990, S. 490 ff.; *O. Lepsius,* Hans Kelsen und der Nationalsozialismus, in: Walter/Ogris/Olechowski (Fn. 6), S. 271 ff. (275 ff.).

14 Eindrucksvolle Schilderung Kelsens als akademischer Lehrer im Hörsaal aus der Sicht eines Studenten: *Hans Mayer*, Ein Deutscher auf Widerruf. Erinnerungen I, 1982, S. 148 ff.

15 Vgl. *F. Golczewski,* Kölner Universitätslehrer und der Nationalsozialismus, 1988, S. 114 ff. (118 ff.); *Lepsius,* Hans Kelsen und der Nationalsozialismus (Fn. 13), S. 271 ff. – Kelsen schildert das in seiner Autobiographie: Kelsen im Selbstzeugnis (Fn. 1), S. 82. – Zur Nachgeschichte des Kampfes um seine Pension detailliert *Lepsius,* ebd., S. 279 f.

16 Zu dieser Phase *J. Osterkamp*, Hans Kelsen in der Tschechoslowakei, in: Walter/Ogris/Olechowski (Fn. 6), S. 305 ff.

17 Näher *J. Feuchtinger*, Transatlantische Vernetzungen. Der Weg Hans Kelsens und seines Kreises in die Emigration, in: Walter/Ogris/Olechowski (Fn. 6), S. 321 ff. (327 ff.).

18 *Hans Kelsen*, Was ist Gerechtigkeit?, 1953. Dazu (mit diesem Titel) etwa *G. Nogueira Dias*, in: ZöR 57 (2002), S. 63 ff. (76 ff., 84 ff.).

19 *Hans Kelsen*, Das Problem der Souveränität und die Theorie des Völkerrechts. Beitrag zu einer reinen Rechtslehre, 1920 (2. Aufl. 1928); *ders.*, Der soziologische und der juristische Staatsbegriff, 1922 (2. Aufl. 1928); *ders.*, Allgemeine Staatslehre, 1925.

20 *Hans Kelsen*, Reine Rechtslehre. Mit einem Anhang: Das Problem der Gerechtigkeit, 2., völlig neu bearbeitete und erweiterte Auflage, 1960 (im folgenden: RR2).

21 *Hans Kelsen*, Die Problematik der Reinen Rechtslehre, in: ÖZöR 18 (1968), S. 143 ff.

22 *Hans Kelsen*, Allgemeine Theorie der Normen, hrsgg. v. K. Ringhofer und R. Walter, 1979.

23 Kelsens Spätwerk wirft zum Teil sehr intrikate Fragen auf, die keineswegs einheitlich eingeschätzt oder gar beantwortet werden. Im Kern geht es um die Erfassung von Normenkonflikten und die Anwendung logischer Schlußregeln auf Normenordnungen. Zur Problematik aus jüngerer Zeit etwa *E. Wiederin,* Das Spätwerk Kelsens, in: Walter/Ogris/Olechowski (Fn. 6), S. 351 ff.; *C. Jabloner,* Der Rechtsbegriff bei Hans Kelsen, in: S. Griller/H.P. Rill (Gesamtredaktion), Rechtstheorie: Rechtsbegriff–Dynamik–Auslegung, 2011, S. 21 ff. (28, 33 ff.); *S. L. Paulson,* Kelsen's Radical Reconstruction of the Legal Norm, in: Gesellschaft und Gerechtigkeit. Festschrift für Hubert Rottleuthner, 2011, S. 101 ff. – Auf keinen Fall aber hat Kelsen im hohen Alter dem Dualismus von Sein und Sollen abgeschworen, wie gelegentlich behauptet worden ist; siehe *H. Dreier,* Benedikt XVI. und Hans Kelsen, in: JZ 2012, S. 1151 ff.

24 *Kelsen*, RR1, S. III.

25 *H. Dreier*, Hans Kelsens Wissenschaftsprogramm, in: H. Schulze-Fielitz (Hrsg.), Staatsrechtslehre als Wissenschaft, 2007, S. 81 ff. (im folgenden greife ich auf einige Formulierungen aus diesem Text zurück).

26 *H. Dreier*, Max Webers Postulat der Wertfreiheit in der Wissenschaft und die Politik, in: H. Dreier/D. Willoweit (Hrsg.), Wissenschaft und Politik, 2010, S. 35 ff.

27 Deutlich *Hans Kelsen,* Juristischer Formalismus und reine Rechtslehre, in: JW 1929, S. 1723 ff. (1724). Klare, wissenschaftlich aber unhaltbare Gegenposition bei *Rudolf Smend*, für den Erkennen, Bekennen und Wollen eine untrennbare Einheit bilden: vgl. *Dreier,* Wissenschaftsprogramm (Fn. 25), S. 85 f.; *S. Korioth,* Kelsen im Diskurs – Die Weimarer Jahre, in: M. Jestaedt (Hrsg.), Hans Kelsen und die deutsche Staatsrechtslehre, 2013, S. 29 ff. (36, 40, 44).

28 Siehe nur *Kelsen*, Allgemeine Staatslehre (Fn. 19), S. 21.

29 Die genaue Bestimmung des Verhältnisses Kelsens zum Neukantianismus ist ein (großes und kompliziertes) Thema für sich. Siehe etwa *H. Dreier,* Rechtslehre, Staatssoziologie

und Demokratietheorie bei Hans Kelsen (1986), 2. Aufl. 1990, S. 56 ff., 83 ff.; umfassende Erörterungen zum Gesamtkomplex bei R. Alexy u.a. (Hrsg.), Neukantianismus und Rechtsphilosophie. Mit einer Einleitung von S. L. Paulson, 2002, darin insb. die Beiträge von *R. Alexy, C. Heidemann* und *S. L. Paulson* (S. 179 ff., 203 ff., 223 ff.). Siehe noch *S. Uecker,* Vom Reinheitspostulat zur Grundnorm, 2006; *A. Carrino,* Das Recht zwischen Reinheit und Realität, 2011.

30 Prägnant *Hans Kelsen,* Was ist die Reine Rechtslehre?, in: H. Klecatsky/R. Marcic/H. Schambeck (Hrsg.), Die Wiener Rechtstheoretische Schule. Ausgewählte Schriften von Hans Kelsen, Adolf Julius Merkl und Alfred Verdroß, Bd. I, 1968, S. 611 ff. (620).

31 Dazu näher *Dreier,* Rechtslehre (Fn. 29), S. 27 ff.

32 *Kelsen,* Problem der Souveränität (Fn. 19), S. 71.

33 *J. Bjarup,* Skandinavischer Rechtsrealismus, 1978; *M. Schmidt,* Reine Rechtslehre versus Rechtsrealismus, in: R. Walter (Hrsg.), Schwerpunkte der Reinen Rechtslehre, 1992, S. 137 ff.

34 *C. Möllers,* Staat als Argument, 2000, S. 56; zum Gedanken der Arbeitsteilung noch *O. Lepsius,* Die Wiederentdeckung Weimars durch die bundesdeutsche Staatsrechtslehre, in: C. Gusy (Hrsg.), Weimars lange Schatten – „Weimar" als Argument nach 1945, 2003, S. 354 ff. (359). – Kelsen selbst hat etwa sehr klare „richtersoziologische" Aussagen über die Einstellung der Richter zur Weimarer Republik getroffen: siehe seine Diskussionsbemerkung in VVDStRL 3 (1927), S. 53 ff. – Zur notorischen, von wechselseitigen Mißverständnissen nicht freien Debatte Kelsens mit Eugen Ehrlich siehe S. L. Paulson (Hrsg.), Hans Kelsen und die Rechtssoziologie, 1992; *K. Lüderssen,* Hans Kelsen und Eugen Ehrlich, in: Paulson/Stolleis (Fn. 11), S. 264 ff. m.w.N.

35 Siehe nur *Kelsen,* RR1, S. 38: „Ihre anti-ideologische Tendenz bewahrt die Reine Rechtslehre darin, daß sie die Darstellung des positiven Rechts von jeder Art naturrechtlicher Gerechtigkeitsideologie zu isolieren sucht. Die Möglichkeit der Geltung einer über dem positiven Recht stehenden Ordnung bleibt für sie außer Diskussion. Sie beschränkt sich auf das positive Recht und verhindert so, daß die Rechtswissenschaft es für eine höhere Ordnung ausgebe oder aus einer solchen die Rechtfertigung des Rechts hole; oder daß die Diskrepanz zwischen einem irgendwie vorausgesetzten Gerechtigkeitsideal und dem positiven Recht zu einem juristischen Argument gegen dessen Geltung mißbraucht

werde.“ Zu Kelsen als Ideologiekritiker vgl. einige Beiträge in: W. Krawietz/E. Topitsch/P. Koller (Hrsg.), Ideologiekritik und Demokratietheorie bei Hans Kelsen, 1982.

36 Nachdrücklich *Kelsen*, RR2, S. 70 f.

37 Hierzu und zum folgenden ausführlich *Dreier,* Rechtslehre (Fn. 29), S. 179 ff., 228 ff.; in aller Kürze *R. Walter,* Hans Kelsens Rechtslehre, 1999, S. 12. – Besonders deutlich *Kelsen,* RR2, S. 441 f.

38 Siehe exemplarisch, aber nicht erschöpfend: *Kelsen,* RR2, S. 196 ff. – Die Sekundärliteratur dazu ist abundant. Vgl. etwa *Dreier,* Rechtslehre (Fn. 29), S. 27 ff., 42 ff., 86 ff., 128 ff.; *R. Thienel,* Kritischer Rationalismus und Jurisprudenz, 1991, S. 100 ff.; *R. Walter,* Entstehung und Entwicklung des Gedankens der Grundnorm, in: ders. (Hrsg.), Schwerpunkte der Reinen Rechtslehre, 1992, S. 47 ff.; *S. L. Paulson,* Die unterschiedlichen Formulierungen der „Grundnorm“, in: Rechtsnorm und Rechtswirklichkeit. Festschrift für Werner Krawietz zum 60. Geburtstag, 1993, S. 53 ff.; *C. Heidemann,* Die Norm als Tatsache. Zur Normentheorie Hans Kelsens, 1997, S. 90 ff., 144 ff., 208 ff., 348 ff.; *U. Bindreiter,* Why Grundnorm?, 2002.

39 *Kelsen*, RR1, S. 66.

40 Dazu näher *H. Dreier*, Joh 18, Wertrelativismus und Demokratietheorie, in: Reflexionen über Demokratie und Recht. Festakt aus Anlass des 60. Geburtstages von Clemens Jabloner, 2009, S. 13 ff. (18 ff.) [in diesem Band S. 82 ff.].

41 Zur Stufenbaulehre vgl. *Kelsen,* RR2, S. 228 ff.; aus der umfänglichen Sekundarliteratur m.w.N. etwa *Dreier,* Rechtslehre (Fn. 29), S. 129 ff.; *H. Mayer,* Die Theorie des rechtlichen Stufenbaus, in: Walter, Schwerpunkte (Fn. 33), S. 37 ff.; *M. Borowski,* Die Lehre vom Stufenbau nach Adolf Julius Merkl, in: Paulson/Stolleis (Fn. 11), S. 122 ff.; kritisch *P. Koller,* Zur Theorie des rechtlichen Stufenbau, ebd., S. 106 ff.; *A. Jakab,* Probleme der Stufenbaulehre, in: ARSP 91 (2005), S. 334 ff.; weitere Nachweise aus der neueren Literatur bei *Dreier,* Wissenschaftsprogramm (Fn. 25), S. 107 f.; nachzutragen ist *E. Wiederin,* Die Stufenbaulehre Adolf Julius Merkls, in: Griller/Rill, Rechtstheorie (Fn. 23), S. 81 ff.

42 Sehr plastisch *Kelsen*, RR1, S. 63 ff.

43 Eingängige Darstellung bei *Kelsen*, RR1, S. 62 ff., 73 ff.; *ders.*, RR2, S. 228 ff.

44 Siehe *Kelsen,* RR1, S. 90 ff.; *ders.,* RR2, S. 346 ff. – Dazu *Dreier,* Rechtslehre (Fn. 29), S. 145 ff.; *Thienel,* Rationalismus

(Fn. 38), S. 133 ff., 168 ff.; *H. Mayer,* Die Interpretationstheorie der Reinen Rechtslehre, in: Walter, Schwerpunkte (Fn. 33), S. 61 ff.

45 *Kelsen,* RR1, S. 90 f.

46 Ausführlicher als hier *H. Dreier,* Zerrbild Rechtspositivismus, in: Vom praktischen Wert der Methode. Festschrift Heinz Mayer zum 65. Geburtstag, 2011, S. 61 ff. (84 ff.).

47 *Kelsen,* Formalismus (Fn. 27), S. 1726. – Zur Ablehnung der Begriffsjurisprudenz *Kelsen,* RR1, S. 99 f.; *ders.,* RR2, S. 353.

48 *A. Merkl,* Das doppelte Rechtsantlitz, in: Juristische Blätter 1918, S. 425 ff., 444 ff., 463 ff.

49 Gerade daß Kelsen hier kaum taugliche Disziplinierungsmöglichkeiten der konkreten Praxis durch die Rechtswissenschaft, etwa durch eine elaborierte juristische Methodik, sieht, hat ihm die Kritik eingetragen, Auslegungsnihilist zu sein. Wenn das auch vielleicht etwas zu weit geht, wird man auf jeden Fall festhalten müssen, daß seine Lehre für die konkreten Probleme der Rechtsanwendung nichts austrägt (näher *Dreier,* Rechtslehre [Fn. 29], S. 148 ff.). Das trifft allerdings auf die anderen drei des berühmten Weimarer Staatsrechtslehrerquartetts (außer Kelsen noch Schmitt, Smend und Heller) genauso zu. – Skizze einer den Normbindungs- wie den Normsetzungsaspekt integrierenden „Rechtsgewinnungstheorie“ bei *M. Jestaedt,* Grundrechtsentfaltung im Gesetz, 1999, S. 279 ff.

50 Zum Vorstehenden eingehender *Dreier,* Wissenschaftsprogramm (Fn. 25), S. 109 ff. – Treffend *M. Jestaedt,* Einleitung, in: Hans Kelsen im Selbstzeugnis (Fn. 1), S. 1 ff. (2): Es handelt sich um einen „doppelten Tabubruch“: Kelsen „zieht der eigenen Disziplin den Schleier weg, hinter dem diese ungestört politisieren kann, und er nimmt den Rechtserzeugungsorganen umgekehrt die Möglichkeit, sich auf vorgeschobene recht(swissenschaft)liche Bindungen herauszureden, wo politische Entscheidungen zu verantworten sind.“ Desgleichen *U. Lembke,* Weltrecht – Demokratie – Dogmatik. Kelsens Projekte und die Nachwuchswissenschaft, in: Jestaedt, Staatsrechtslehre (Fn. 27), S. 223 ff. (238).

51 Vgl. *Hans Kelsen,* Wesen und Entwicklung der Staatsgerichtsbarkeit, in: VVDStRL 5 (1929), S. 30 ff.; zur Sache *H. Wendenburg,* Die Debatte um die Verfassungsgerichtsbarkeit und der Methodenstreit der Staatslehre in der Weimarer Republik, 1984, S. 129 ff.; *R. Walter,* Die mitteleuropäische Verfassungsgerichtsbarkeit und die Reine Rechtslehre, in: Österreichische Richterzeitung 1993, S. 266 ff. – Zur

Wiener Staatsrechtslehrertagung 1928 *T. Olechowski,* Hans Kelsen als Mitglied der Deutschen Staatsrechtslehrervereinigung, in: Jestaedt, Staatsrechtslehre (Fn. 27), S. 11 ff. (14 ff.).

52 *Wendenburg,* Debatte (Fn. 51), S. 130 ff. (dort S. 133 ff. auch der richtige Hinweis darauf, daß Kelsen immer für möglichst präzise Normen als Kontrollmaßstäbe eingetreten ist, um es nicht zu einer Machtverschiebung vom demokratisch legitimierten Gesetzgeber auf die Judikative kommen zu lassen); *H. Dreier,* Verfassungsgerichtsbarkeit in der Weimarer Republik, in: T. Simon (Hrsg.), Schutz der Verfassung: Normen, Institutionen, Höchst- und Verfassungsgerichte, 2014, s. 317 ff.

53 Terminus bei *K. Schlaich/S. Korioth,* Das Bundesverfassungsgericht. Stellung, Verfahren, Entscheidungen, 10. Aufl. 2015, Rn. 6.

54 *Hans Kelsen,* Die Entwicklung des Staatsrechts in Oesterreich seit dem Jahre 1918, in: G. Anschütz/R. Thoma (Hrsg.), Handbuch des Deutschen Staatsrechts, Bd. I, 1930, S. 147 ff. (158). Der österreichische Verfassungsgerichtshof findet sich im sechsten Hauptstück der österreichischen Bundesverfassung, welches überschrieben ist „Garantien der Verfassung und Verwaltung".

55 *Kelsen,* Wesen und Entwicklung (Fn. 51), S. 69 f.

56 In dem präzisen und „eminenten Sinne" als „das Recht jedes Richters, jedes, auch jedes vorschriftsmäßig verkündete Reichsgesetz auf seine Verfassungsmäßigkeit zu prüfen und ihm im Falle des Nichtbestehens der Prüfung die Anwendung zu versagen" (*G. Anschütz,* Die Verfassung des Deutschen Reichs vom 11. August 1919, 14. Aufl. 1933, Art. 70 Anm. 5 [S. 372]).

57 So wird Kelsen zitiert bei *Franz Neumann,* Gegen ein Gesetz über Nachprüfung der Verfassungsmäßigkeit von Reichsgesetzen, in: Die Gesellschaft VI (1929), S. 517 ff. (534); freilich behandelt Neumann dort speziell die umstrittene Frage der Übertragung weiterer Kompetenzen auf den Staatsgerichtshof. Doch Kelsen hatte seine Skepsis gegen das diffuse richterliche Prüfungsrecht ja an anderer Stelle deutlich geäußert (vgl. Fn. 34).

58 *Schlaich/Korioth,* Bundesverfassungsgericht (Fn. 53), Rn. 498.

59 Nachweise: *Dreier,* Hans Kelsen (Fn. 1), S. 706 f.

60 *Kelsen,* Wesen und Entwicklung (Fn. 51), S. 81.

61 Siehe insb. *Kelsen,* Allgemeine Staatslehre (Fn. 19), S. 193 ff., 207 ff.; *ders.,* Die Bundesexekution, in: Festgabe für Fritz

Fleiner zum 60. Geburtstag, 1927, S. 127 ff. – Vertiefend *E. Wiederin,* Kelsens Begriffe des Bundesstaats, in: Paulson/Stolleis (Fn. 11), S. 222 ff. mit Nachweisen der älteren Literatur.

62 Zur Kontroverse eingehend *S. Oeter,* Integration und Subsidiarität im deutschen Bundesstaatsrecht, 1998, S. 385 ff. – BVerfGE 13, 54 (77) bekennt sich explizit zur Zweigliedrigkeit.

63 Zitat: *M. Jestaedt,* Bundesstaat als Verfassungsprinzip, in: J. Isensee/P. Kirchhof (Hrsg.), Handbuch des Staatsrechts der Bundesrepublik Deutschland, 3. Aufl., Bd. II, 2004, § 29 Rn. 10; näher *J. Isensee,* Idee und Gestalt des Föderalismus im Grundgesetz, in: J. Isensee/P. Kirchhof (Hrsg.), Handbuch des Staatsrechts der Bundesrepublik Deutschland, 3. Aufl., Bd. VI, 2008, § 126 Rn. 88 ff., 91 mit Hinweis darauf, daß manche Regelungen des Grundgesetzes wie etwa die über die Bundesorgane allein für den Bund als Zentralstaat gelten und insofern eine Teilverfassung bilden, andere wiederum wie die Kompetenzregeln oder die Vorkehrungen für die Verfassungsänderung Bund und Länder gleichermaßen betreffen und insofern nur als Gesamtverfassung adäquat zu verstehen sind.

64 Vgl. *Kelsen,* Allgemeine Staatslehre (Fn. 19), S. 1 ff., 16 ff. u.ö.; *ders.,* RR2, S. 289 ff.

65 *Kelsen,* Allgemeine Staatslehre (Fn. 19), S. 44, 91, 109; *ders.,* RR2, S. 314 f., 320; näher *Dreier,* Rechtslehre (Fn. 29), S. 208 ff.

66 Zum folgenden *Dreier,* Wissenschaftsprogramm (Fn. 25), S. 95 ff.

67 *Kelsen,* Staatsbegriff (Fn. 19), S. 105; vgl. *ders.,* Allgemeine Staatslehre (Fn. 19), S. 74 ff.

68 *Kelsen,* Staatsbegriff (Fn. 19), S. 88.

69 Vgl. *Kelsen,* Problem der Souveränität (Fn. 19).

70 Hierzu und zum folgenden *Kelsen,* RR1, S. 129 ff., 134 ff.; *ders.,* RR2, S. 328 ff.

71 *M. Jestaedt,* Hans Kelsens Reine Rechtslehre. Eine Einführung, in: ders. (Hrsg.), Reine Rechtslehre. Studienausgabe der 1. Auflage 1934, 2008, S. LIV; *J. v. Bernstorff,* Der Glaube an das universale Recht. Zur Völkerrechtstheorie Hans Kelsens und seiner Schüler, 2001, S. 91 ff.; *Lembke,* Weltrecht (Fn. 50), S. 235.

72 *Kelsen,* Problem der Souveränität (Fn. 19), S. 317; *ders.,* RR1, S. 139 ff.; Kelsen wollte sie an der ideologischen Grenze

zwischen Imperialismus und Pazifismus verorten: *Hans Kelsen*, Die Einheit von Völkerrecht und staatlichem Recht, in: ZaöRV 19 (1958), S. 234 ff.

73 Umfangreiche Auflistung bei *A. Rub*, Hans Kelsens Völkerrechtslehre: Versuch einer Würdigung, 1995, S. 595 ff.

74 *Hans Kelsen,* The Law of the United Nations. A Critical Analysis of Its Fundamental Problems (1950), 4th printing New York 1964, S. XIII ff. – Näher *v. Bernstorff,* Glaube (Fn. 71), S. 199 ff.; *B. Fassbender*, Hans Kelsen und die Vereinten Nationen, in: FS Tomuschat, 2006, S. 763 ff. (insb. 770 ff.).

75 *C. Leben*, Hans Kelsen and the Advancement of International Law, in: European Journal of International Law 9 (1998), S. 287 ff.; *v. Bernstorff,* Glaube (Fn. 71), S. 39 ff. (insb. 49 ff.); R. Walter/C. Jabloner/K. Zeleny (Hrsg.), Hans Kelsen und das Völkerrecht, 2004; H. Brunkhorst/R. Voigt (Hrsg.), Rechts-Staat. Staat, internationale Gemeinschaft und Völkerrecht bei Hans Kelsen, 2008; *Lembke,* Weltrecht (Fn. 50), S. 233 ff.

76 Nachweise: *Dreier*, Wissenschaftsprogramm (Fn. 25), S. 102 f.; nachzutragen wäre *M. Jestaedt*, Der Europäische Verfassungsverbund, in: GedS Blomeyer, 2004, S. 637 ff. (657 ff.).

77 *Kelsen*, RR2, S. 343.

78 Zu diesem Tätigkeitsbereich *T. Ehs*, Hans Kelsen und politische Bildung im modernen Staat, 2007. – Nur erwähnt seien hier zudem seine zahlreichen Beiträge zu aktuellen politischen Fragen in der Tagespresse.

79 *H. Boldt,* Demokratietheorie zwischen Rousseau und Schumpeter, in: M. Kaase (Hrsg.), Politische Wissenschaft und politische Ordnung. Festschrift für Rudolf Wildenmann, 1986, S. 217 ff. (217). – Zur langsam wieder einsetzenden Rezeption des Demokratietheoretikers Kelsen in der Politikwissenschaft siehe *K. G. Kick,* Politik als Kompromiß auf einer mittleren Linie: Hans Kelsen, in: H. J. Lietzmann (Hrsg.), Moderne Politik. Politikverständnis im 20. Jahrhundert, 2001, S. 63 ff.; *R. v. Ooyen,* Der Staat der Moderne. Hans Kelsens Pluralismustheorie, 2003; *ders.,* Hans Kelsen und die offene Gesellschaft, 2010.

80 *Hans Kelsen,* Vom Wesen und Wert der Demokratie, 2. Aufl. 1929; vorangegangen war ein sehr viel kürzerer (und deutlich rousseauistischer) Text mit gleichem Titel im Jahre 1920; auch weite Teile seiner Allgemeinen Staatslehre (Fn. 19) widmeten sich einschlägigen Fragen demokratischer Staatsorganisation (insb. §§ 43 ff.). Viele Jahre später präsentierte Kelsen mit „Foundations of Democracy“ (Ethics 66

[1956], Nr. 1, S. 1–101) eine nicht nur stark erweiterte und neuere Entwicklungen berücksichtigende, sondern völlig anders gegliederte Publikation zur Demokratietheorie, die zudem andere thematische Schwerpunkte setzte. – Abdruck dieser Texte und weiterer einschlägiger Publikationen zur Demokratie, darunter der bewegende Aufsatz „Verteidigung der Demokratie" von 1932, in: Hans Kelsen, Verteidigung der Demokratie, hrsgg. v. M. Jestaedt u. O. Lepsius, 2006.

81 *Kelsen,* Wesen und Wert (Fn. 80), S. 18 ff., 56 ff.; die drei Zitate im Text finden sich der Reihenfolge nach S. 27, 20, 57. – Kelsen votiert im übrigen für die verfassungsrechtliche Verankerung der Parteien und ihre demokratische Binnenstruktur (ebd., S. 23 f.). – Hierzu und zum folgenden ausführlicher *Dreier,* Rechtslehre (Fn. 29), S. 249 ff.; *ders.,* Kelsens Demokratietheorie: Grundlegung, Strukturelemente, Probleme, in: R. Walter/C. Jabloner (Hrsg.), Hans Kelsens Wege sozialphilosophischer Forschung, 1997, S. 79 ff. [in diesem Band S. 39 ff.]; *T. Groß,* Neu Gelesen, in: KritJ 40 (2007), S. 306 ff.; *O. Lepsius,* Kelsens Demokratietheorie, in: T. Ehs (Hrsg.), Hans Kelsen. Eine politikwissenschaftliche Einführung, 2009, S. 67 ff.; *K. Groh,* Demokratische Staatsrechtslehrer in der Weimarer Republik, 2010, S. 129 ff., 212 ff., 276 ff., 488 ff., 587 ff.

82 *Kelsen,* Wesen und Wert (Fn. 80), S. 101; dazu und zu den mit dieser Sentenz verbundenen Mißverständnissen *Dreier,* Kelsens Demokratietheorie (Fn. 81), S. 96 ff. [in diesem Band S. 62 ff.]; *ders.,* Joh 18 (Fn. 40), S. 18 ff., 25 ff. [in diesem Band S. 82 ff., 92 ff.].

83 *Hans Kelsen,* Sozialismus und Staat, 2. Aufl. 1923; *ders.*, The Political Theory of Bolshevism, 1948; *ders.*, The Communist Theory of Law, 1955.

84 *Hans Kelsen,* Secular Religion. A Polemic against the Misinterpretation of Modern Social Philosophy, Science, and Politics as „New Religions", 2012.

85 *Hans Kelsen,* Vergeltung und Kausalität, 1941 (ausgeliefert 1946). Zu dieser Schrift etwa *C. Jabloner,* Bemerkungen zu Kelsens ‚Vergeltung und Kausalität', besonders zur Naturdeutung der Primitiven, in: Ideologiekritik und Demokratietheorie (Fn. 35), S. 47 ff.; *H. Dreier,* Vom mythologischen Weltbild zur demokratischen Staatsordnung: Hans Kelsen als politischer Soziologe (1988), in: C. Jabloner u.a. (Hrsg.), Gedenkschrift Robert Walter, 2013, S. 123 ff.

86 *Hans Kelsen,* Die philosophischen Grundlagen der Naturrechtslehre und des Rechtspositivismus, 1928; der Anhang

aus RR2 („Das Problem der Gerechtigkeit“, S.355–444) gehört ebenfalls hierher. Siehe hierzu und zum folgenden auch *R. Walter,* Hans Kelsen, die Reine Rechtslehre und das Problem der Gerechtigkeit, in: Der Gerechtigkeitsanspruch des Rechts (Rechtsethik, Bd. 3), 1996, S. 207 ff.

87 *Hans Kelsen,* Die Illusion der Gerechtigkeit. Eine kritische Untersuchung der Sozialphilosophie Platons, hrsgg. v. K. Ringhofer u. R. Walter, 1985. Siehe dazu und seinen weiteren einschlägigen Schriften, die bis in die 1920er Jahre zurückreichen, die Beiträge in: R. Walter/C. Jabloner/K. Zeleny (Hrsg.), Griechische Philosophie im Spiegel Hans Kelsens: Ergebnisse einer internationalen Veranstaltung in Wien, 2006.

88 Der Einfluß der reinen Rechtslehre auf die Rechtstheorie in verschiedenen Ländern, 1978; Der Einfluß der Reinen Rechtslehre auf die Rechtstheorie in verschiedenen Ländern, Teil II, 1983; Hans Kelsen anderswo. Hans Kelsen abroad. Der Einfluss der Reinen Rechtslehre auf die Rechtstheorie in verschiedenen Ländern, Teil III, hrsgg. v. R. Walter/C. Jabloner/K. Zeleny, 2010.

89 Umfänglich R. Walter/C. Jabloner/K. Zeleny (Hrsg.), Der Kreis um Hans Kelsen. Die Anfangsjahre der Reinen Rechtslehre, 2008. – Merkl und Verdroß sind wegen ihrer überragenden eigenständigen Bedeutung nicht mit aufgenommen worden.

90 Zu seiner Rezeption im Gesamtüberblick (vom Ersten Weltkrieg bis zum Ende des Jahrhunderts) *H. Dreier,* Rezeption und Rolle der Reinen Rechtslehre, 2001, S. 17 ff.

91 Sowohl Schmitts „Verfassungslehre“ als auch Smends „Verfassung und Verfassungsrecht“ (beide 1928 erschienen) sind im Grunde eine Reaktion auf Kelsens „Allgemeine Staatslehre“ von 1925.

92 Siehe *Dreier,* Rezeption (Fn. 90), S. 27 ff.; *F. Günther,* „Jemand, der sich schon vor fünfzig Jahren selbst überholt hatte“, in: Jestaedt, Staatsrechtslehre (Fn. 27), S. 67 ff.; *C. Schönberger,* Kelsen-Renaissance?, ebd., S. 207 ff. (208).

93 Nähere Hinweise dazu bei *Dreier,* Rezeption (Fn. 90), S. 29 f.; *L. Foljanty,* Recht oder Gesetz, 2013, S. 19 ff.

94 Sammlung einschlägiger Invektiven: *Dreier,* Wissenschaftsprogramm (Fn. 25), S. 81.

95 *M. Stolleis,* Geschichte des öffentlichen Rechts in Deutschland, Bd. IV: Staats- und Verwaltungsrechtswissenschaft in West und Ost 1945–1990, 2012, S. 389.

96 *H. Dreier*, Zur (Wieder-)Entdeckung Kelsens in den 1980er Jahren – Ein Rückblick (auch in eigener Sache), in: Jestaedt, Staatsrechtslehre (Fn. 27), S. 175 ff.

97 *Dreier*, Rezeption (Fn. 90), S. 30 ff.; zustimmend *Günther*, Jemand (Fn. 92), S. 83; *Lembke*, Weltrecht (Fn. 50), S. 225 ff. (225: „erfreuliche Normalisierung"); *Schönberger*, Renaissance (Fn. 92), S. 210 f. (210: „unspektakuläre Normalisierung"); für Versuche einer – von *Schönberger* (ebd., S. 208 ff.) zu Recht als unwissenschaftlich und unhistorisch abgelehnten – beflissen geschichtsmoralischen Rehabilitierung Kelsens im Sinne einer Wiedergutmachung für erlittenes Unrecht sind Anzeichen nicht ersichtlich.

98 Eher skeptisch *Schönberger*, Renaissance (Fn. 92), S. 211 ff., eher zuversichtlich *O. Lepsius*, Hans Kelsen und die Pfadabhängigkeit in der deutschen Staatsrechtslehre, in: Jestaedt, Staatsrechtslehre (Fn. 27), S. 241 ff. (257 ff.).

99 R. *Walter*, Hans Kelsen. Ein Leben im Dienste der Wissenschaft, 1985; wieder abgedruckt in: R. Walter/C. Jabloner/K. Zeleny (Hrsg.), Hans Kelsens stete Aktualität. Zum 30. Todestag Hans Kelsens, 2003, S. 65 ff.

100 *Kelsen*, Was ist Gerechtigkeit? (Fn. 18), S. 43.

Kelsens Demokratietheorie: Grundlegung, Strukturelemente, Probleme

Erstveröffentlichung in: Robert Walter/Clemens Jabloner (Hrsg.), Hans Kelsens Wege sozialphilosophischer Forschung, Wien 1997, S. 79–102.

1 Zu seiner – von den wissenschaftlichen Positionen stets strikt getrennten – persönlichen Favorisierung der Demokratie vgl. *A. Métall*, Hans Kelsen. Leben und Werk, 1969, S. 110; *J. H. Herz*, Vom Überleben, 1984, S. 99 („politisch engagierter Mensch, aufrechter Demokrat"). Eigenes Bekenntnis zur Demokratie: *H. Kelsen*, Was ist Gerechtigkeit? (1953), 2. Aufl. 1975, S. 43.

2 Vgl. *R. Thoma*, Der Begriff der modernen Demokratie in seinem Verhältnis zum Staatsbegriff. Prolegomena zu einer

Analyse des demokratischen Staates der Gegenwart, in: Hauptprobleme der Soziologie. Erinnerungsgabe für Max Weber, Bd. 2, 1923, S. 37 ff.; *ders.*, Das Reich als Demokratie, in: G. Anschütz/R. Thoma (Hrsg.), Handbuch des Deutschen Staatsrechts, Bd. 1, 1930, S. 186 ff.

3 *H. Boldt*, Demokratietheorie zwischen Rousseau und Schumpeter, in: M. Kaase (Hrsg.), Politische Wissenschaft und politische Ordnung. FS Rudolf Wildenmann, 1986, S. 217 ff. (217).

4 *H. Kelsen*, Vom Wesen und Wert der Demokratie, in: Archiv für Sozialwissenschaft und Sozialpolitik 47 (1920), S. 50 ff.; im gleichen Jahr erschien der Text im Verlag J.C.B. Mohr (Paul Siebeck) in Tübingen als Separatdruck.

5 *H. Kelsen*, Vom Wesen und Wert der Demokratie, 2. Aufl. 1929, ND 1981.

6 Er dokumentiert sich darin, daß Kelsens Schrift praktisch zum festen Bestandteil jeder eingehenden Analyse des Demokratieprinzips geworden ist: vgl. etwa *E.-W. Böckenförde*, Demokratie als Verfassungsprinzip, in: J. Isensee/ P. Kirchhof (Hrsg.), Handbuch des Staatsrechts der Bundesrepublik Deutschland, Bd. I, 1987, § 22 Rn. 36; *ders.*, Art. Demokratie, in: W. Kasper (Hrsg.), Lexikon für Theologie und Kirche, Bd. 3, 3. Aufl. 1995, Sp. 83 ff. (84); *P. Badura*, Die parlamentarische Demokratie, in: Isensee/Kirchhof, ebd., § 23 Rn. 27; *G. Sartori*, Demokratietheorie, 1992, S. 42, 156, 304, 356; *R. Zippelius*, Allgemeine Staatslehre. Politikwissenschaft, 12. Aufl. 1994, S. 178. Ergänzend sei auf die große Zahl von Übersetzungen hingewiesen (Angaben bei *Métall*, Kelsen [Fn. 1], S. 122 ff. und Übersicht S. 158 Nr. 190).

7 Zu nennen sind insbesondere *H. Kelsen*, Demokratie, 1927; *ders.*, Verteidigung der Demokratie, 1932; *ders.*, Staatsform und Weltanschauung, 1933 – alle abgedruckt in: N. Leser (Hrsg.), Demokratie und Sozialismus. Ausgewählte Aufsätze, 1967.

8 *H. Kelsen*, Foundations of Democracy, in: Ethics 66 (1955), S. 1–101.

9 Eingehend *H. Dreier*, Rechtslehre, Staatssoziologie und Demokratietheorie bei Hans Kelsen (1986), 2. Aufl. 1990, S. 251 ff.

10 *Kelsen*, Wesen (Fn. 5), S. 3 f.; siehe auch dazu genauer *Dreier*, Rechtslehre (Fn. 9), S. 252 Fn. 14; *ders.*, Das Majoritätsprinzip im demokratischen Verfassungsstaat, in: ZParl. 17 (1986), S. 94 ff. (105 f.).

11 *Kelsen*, Wesen (Fn. 5), S. 14.

12 *Kelsen*, Wesen (Fn. 5), S. 3: „Protest gegen den fremden Willen“, „Qual der Heteronomie“, „Er ist ein Mensch wie ich, wir sind gleich! Wo ist also sein Recht, mich zu beherrschen?“

13 Dazu *H. Hofmann*, Zur Lehre vom Naturzustand in der Rechtsphilosophie der Aufklärung (1982), in: ders., Recht–Politik–Verfassung. Studien zur Geschichte der politischen Philosophie, 1986, S. 93 ff.; umfassend jetzt *W. Kersting*, Die politische Philosophie des Gesellschaftsvertrags, 1994, passim.

14 Vgl. im gerafften Überblick: *H. Dreier*, Rechtsethik und staatliche Legitimität, in: Universitas 48 (1993), S. 377 ff.

15 Zu Recht hervorgehoben bei *T. Öhlinger*, Repräsentative, direkte und parlamentarische Demokratie, in: W. Krawietz/E. Topitsch/P. Koller (Hrsg.), Ideologiekritik und Demokratietheorie, 1982 (= Rechtstheorie, Beiheft 4), S. 215 ff. (215).

16 *Kelsen*, Wesen (Fn. 5), S. 6; andere Charakterisierungen: „der geistreichste Schilderer der Demokratie“ (ebd., 13), „Freiheitsapostel“ (ebd., 7). *Carl Schmitt* hat Rousseau den „Kirchenvater der modernen Demokratie“ genannt (Die Bedeutung des neuen Staatsrats, in: Westdeutscher Beobachter Nr. 176 v. 23.7.1933; vgl. *ders.*, Positionen und Begriffe im Kampf mit Weimar–Genf–Versailles 1923–1939, 2. Aufl. 1988, S. 62 f., 85).

17 *J.-J. Rousseau*, Du Contrat Social (1762), 1. Buch, 6. Kapitel (*Kelsen*, Wesen [Fn. 5], S. 6 beruft sich ausdrücklich auf diese Stelle). Deutungen: *M. Forschner*, Rousseau, 1977, S. 101 ff.; *H. Brunkhorst*, Demokratie und Differenz, 1994, S. 186 ff.; *H. Hofmann*, Gebot, Vertrag, Sitte, 1994, S. 32 f.

18 *Kelsen*, Wesen (Fn. 5), S. 3.

19 *Kelsen*, Wesen (Fn. 5), S. 6.

20 *Kelsen*, Wesen (Fn. 5), S. 7; vgl. *ders.*, Allgemeine Staatslehre, 1925, S. 322. Eine Steigerung liegt in der Formulierung von der im Grunde „unrettbaren“ oder „unmöglichen“ Freiheit des Einzelnen (*ders.*, Wesen [Fn. 5], S. 11, 78; *ders.*, Allgemeine Staatslehre, ebd., S. 325).

21 Eingehender hierzu: *Forschner*, Rousseau (Fn. 17), S. 79 ff.; *S. Breuer*, Sozialgeschichte des Naturrechts, 1983, S. 445 ff.; *K. Herb*, Rousseaus Theorie legitimer Herrschaft, 1989, S. 155 ff.; *Brunkhorst*, Demokratie (Fn. 17), S. 186 ff.; *Kersting*, Gesellschaftsvertrag (Fn. 13), S. 149 ff.

22 *Kelsen*, Wesen (Fn. 5), S. 5.

23 *Kelsen*, Wesen (Fn. 5), S. 6; vgl. *ders.*, Gerechtigkeit (Fn. 1), S. 5.

24 In der Republik des Contrat Social „kann der Mensch als politisches Wesen seine existenzielle Zerrissenheit überwinden und eine Identität finden, die gleichsam ein Surrogat der verlorenen Autarkie des Naturzustandes darstellt" (*H. Bielefeldt*, Neuzeitliches Freiheitsrecht und politische Gerechtigkeit, 1990, S. 86; vgl. ebd., S. 72).

25 *Kelsen* spricht des öfteren von Metamorphosen (vgl. Wesen [Fn. 5], S. 8, 14, 24); dieser Terminus und mit ihm ein Gutteil der Sache wird aufgenommen von *Böckenförde*, Demokratie (Fn. 6), § 22 Rn. 37 ff.

26 *Kelsen*, Wesen (Fn. 5), S. 14; allerdings bildet das Subjekt der Herrschaft, die Aktivbürgerschaft, keine homogene Einheit, sondern zerfällt in plurale Meinungs- und Interessengruppen (ebd., S. 16 ff.). Dazu sogleich mehr.

27 *Kelsen*, Wesen (Fn. 5), S. 7. Zur Untauglichkeit des Einstimmigkeitserfordernisses bereits *F. Vitoria*, Relectio de potestate civili, in: A. Voigt (Hrsg.), Der Herrschaftsvertrag, 1965, S. 86 ff. (90). Vgl. weiter *U. Scheuner*, Das Mehrheitsprinzip in der Demokratie, 1973, S. 43 f.; *W. Heun*, Das Mehrheitsprinzip in der Demokratie, 1983, S. 100 f. m.w.N.; *K. Hesse*, Grundzüge des Verfassungsrechts der Bundesrepublik Deutschland, 20. Aufl. 1995, Rn. 140 ff.; *Böckenförde*, Demokratie (Fn. 6), § 22 Rn. 52 ff.

28 *Kelsen*, Wesen (Fn. 5), S. 7, meint bezeichnenderweise, in der Unmöglichkeit der Aufrechterhaltung der Einstimmigkeit zeige sich, daß die soziale Ordnung „ihrem innersten Wesen nach nur in objektiver, d.h. nur in einer, letzten Endes von dem Willen des Normunterworfenen unabhängigen Gültigkeit möglich ist". Gegenüber dieser weitgehenden Formulierung wären mit Blick auf verschiedene Legitimitätsmodelle staatlicher Ordnung Einschränkungen nötig: vgl. *H. Hofmann*, Legitimität und Rechtsgeltung, 1977; *H. Dreier*, Staatliche Legitimität, Grundgesetz und neue soziale Bewegungen, in: J. Marko/A. Stolz (Hrsg.), Demokratie und Wirtschaft, 1987, S. 139 ff.

29 *Kelsen*, Wesen (Fn. 5), S. 9 f.; *ders.*, Foundations (Fn. 8), S. 25. Die demokratische Mehrheitsregel beruht also ganz zentral auf dem Gedanken gleicher Selbstbestimmung aller (vgl. *Heun*, Mehrheitsprinzip [Fn. 27], S. 79 ff., 206; *Dreier*, Majoritätsprinzip [Fn. 10], S. 104 ff.). Zu alternativen Rechtfertigungen der Majoritätsregel vgl. *H. Hofmann/H. Dreier*,

Repräsentation, Mehrheitsprinzip und Minderheitenschutz, in: H.-P. Schneider/W. Zeh (Hrsg.), Parlamentsrecht und Parlamentspraxis, 1989, § 5 Rn. 49 ff.

30 *Kelsen*, Wesen (Fn. 5), S. 9. Zu diesem Problem in bezug auf das Zweidrittelerfordernis für Verfassungsänderungen, speziell Art. 79 II GG, vgl. ausführlicher *H. Dreier*, Grenzen demokratischer Freiheit im Verfassungsstaat, in: JZ 1994, S. 741 ff.

31 *Kelsen*, Wesen (Fn. 5), S. 22.

32 *Kelsen*, Wesen (Fn. 5), S. 20, 23.

33 *Kelsen*, Wesen (Fn. 5), S. 106 Anm. 16.

34 *Kelsen*, Wesen (Fn. 5), S. 19 ff.; vgl. *Dreier*, Rechtslehre (Fn. 9), S. 255 Fn. 32 m.w.N.; zu ergänzen wäre nunmehr *M. Prisching*, Hans Kelsen und Carl Schmitt. Zur Konfrontation zweier staatstheoretischer Modelle, in: O. Weinberger/ W. Krawietz (Hrsg.), Reine Rechtslehre im Spiegel ihrer Fortsetzer und Kritiker, 1988, S. 77 ff. (101). Eine anerkennende Würdigung der Aktualität Kelsens in diesem Punkt findet sich bei *U. K. Preuß*, in: Alternativ-Kommentar zum Grundgesetz, Bd. 1, 2. Aufl. 1989, Art. 21 Rn. 16 mit Fn. 28.

35 Vgl. *Rousseau*, Contrat (Fn. 17), 3. Buch, 15. Kapitel und 4. Buch, 2. Kapitel; dazu eingehend *F. Müller*, Korporation und Assoziation, 1965, S. 61 ff.; vgl. auch *Scheuner*, Mehrheitsprinzip (Fn. 27), S. 43 f. Diese Gruppen- und Verbandsfeindlichkeit strahlte – aus nachvollziehbaren Gründen – auf die Französische Revolution aus: *J.-D. Kühne*, Die französische Menschen- und Bürgerrechtserklärung im Rechtsvergleich mit den Vereinigten Staaten und Deutschland, in: JöR 39 (1990), S. 1 ff. (21 ff.) m.w.N.; *H. Dreier*, in: ders. (Hrsg.), Grundgesetz-Kommentar, Bd. 1, 1996, Art. 19 III Rn. 7.

36 *Kelsen*, Wesen (Fn. 5), S. 19, 109 Anm. 18.

37 *Kelsen*, Wesen (Fn. 5), S. 20. So auch *G. Radbruch*, Die politischen Parteien im System des deutschen Verfassungsrechts, in: Anschütz/Thoma, Handbuch I (Fn. 2), S. 285 ff. (287).

38 *Kelsen*, Wesen (Fn. 5), S. 23 f.

39 *Kelsen*, Wesen (Fn. 5), S. 24 f., 26 ff.

40 Vgl. *Rousseau*, Contrat (Fn. 17), 3. Buch, 15. Kapitel und 4. Buch, 2. Kapitel; gewisse Modifikationen dann in den „Considérations sur le gouvernement de Pologne“ aus dem Jahre 1772 (dt. Text in: *J.-J. Rousseau*, Sozialphilosophische und Politische Schriften, 1981, S. 564 ff. [585, 590 ff.]).

41 Dabei bleibt zu beachten, daß Rousseau dieses Erfordernis der „Beteiligungsallgemeinheit“ (dazu eingehend *H.*

Hofmann, Das Postulat der Allgemeinheit des Gesetzes [1987], in: ders., Verfassungsrechtliche Perspektiven: Aufsätze aus den Jahren 1980–1994, 1995, S. 260 ff. [270 ff.]) auf die Setzung genereller gesetzlicher Regeln bezogen hat, während er – auf der Grundlage einer solchen demokratischen Ordnung – bei der Regierungsform gegenüber monokratischer, aristokratischer oder demokratischer Ausgestaltung prinzipiell offen war. Sein Modell ist also als „demokratischer Gesetzgebungsstaat" treffend bezeichnet (so *R. Bäumlin*, Art. Demokratie, in: R. Herzog u.a. [Hrsg.], Evangelisches Staatslexikon, Bd. 1, 3. Aufl. 1987, Sp. 458 ff. [459]).

42 *Kelsen*, Wesen (Fn. 5), S. 30.

43 *Kelsen*, Wesen (Fn. 5), S. 27 (vgl. auch ebd., S. 30, 33, 114 Anm. 26); *ders.*, Das Problem des Parlamentarismus, 1925, S. 5.

44 *Kelsen*, Wesen (Fn. 5), S. 29 f. Zu Sieyes vgl. *Hofmann/Dreier*, Repräsentation (Fn. 29), § 5 Rn. 13 m.w.N.; zu ergänzen ist nunmehr *T. Hafen*, Staat, Gesellschaft und Bürger im Denken von Emmanuel Joseph Sieyes, 1994, insb. S. 54 ff.

45 *Kelsen*, Wesen (Fn. 5), S. 30; *ders.*, Staatslehre (Fn. 20), S. 301 ff.; dazu auch *W. Mantl*, Repräsentation und Identität, 1975, S. 65 ff.

46 Zu dessen Funktionen *Hofmann/Dreier*, Repräsentation (Fn. 29), § 5 Rn. 38 ff. *Kelsen* spricht in zugespitzter Weise von einer „Unabhängigkeitserklärung des Parlamentes gegenüber dem Volke" (Wesen [Fn. 5], S. 30).

47 *Kelsen*, Wesen (Fn. 5), S. 32.

48 Grundlegend *M. Drath*, Die Entwicklung der Volksrepräsentation, 1954, S. 7 ff., 12 ff.; vgl. näher *Hofmann/Dreier*, Repräsentation (Fn. 29), § 5 Rn. 16 ff., 21 ff.

49 Vgl. *Kelsen*, Wesen (Fn. 5), S. 30.

50 *Kelsen*, Wesen (Fn. 5), S. 27.

51 *Kelsen*, Wesen (Fn. 5), S. 38 ff.

52 Selbst die Freie und Hansestadt Hamburg, bis vor kurzem noch die einzige Ausnahme, hat mittlerweile durch Gesetz vom 29.5.1996 (Hamb.GVBl. 77) ihre Verfassung geändert, die nun in Art. 50 die gängigen plebiszitären Elemente vorsieht. Vgl. im einzelnen das Hamburgische Gesetz über Volksinitiative, Volksbegehren und Volksentscheid vom 20.6.1996 (GVBl. 136).

53 *K. Stern*, Das Staatsrecht der Bundesrepublik Deutschland, Bd. I, 2. Aufl. 1984, S. 608. Zur Diskussion um Möglichkeiten und Grenzen einer entsprechenden Änderung des

Grundgesetzes vgl. *H. Dreier*, Das Demokratieprinzip des Grundgesetzes, in: Jura 1997, S. 249 ff.

54 *Kelsen*, Wesen (Fn. 5), S. 40 ff.

55 Dazu näher *Hofmann/Dreier*, Repräsentation (Fn. 29), § 5 Rn. 38 ff. m.w.N.; siehe nunmehr auch *W. Demmler*, Der Abgeordnete im Parlament der Fraktionen, 1994, S. 56 ff.

56 *Kelsen*, Wesen (Fn. 5), S. 41 f., wo es an einer klaren Unterscheidung zwischen Immunität und Indemnität (vgl. etwa *H. H. Klein*, Indemnität und Immunität, in: Schneider/Zeh, Parlamentsrecht [Fn. 29], § 17 Rn. 19 ff., 38 ff.) fehlt.

57 In diese Richtung etwa *Klein*, Indemnität (Fn. 56), § 17 Rn. 68.

58 Vgl. statt aller *Böckenförde*, Demokratie (Fn. 6), § 22 Rn. 35 ff., 52 ff., 87 ff.

59 *F. Scharpf*, Demokratietheorie zwischen Utopie und Anpassung, 1970, S. 21 ff.

60 So ausdrücklich *Kelsen*, Foundations (Fn. 8), S. 1 ff.; dazu *Dreier*, Rechtslehre (Fn. 9), S. 251 ff. Ähnlich auch BVerfGE 5, 85 (204).

61 *Kelsen*, Staatslehre (Fn. 20), S. 361.

62 Siehe ausführlich *E. Fraenkel*, Deutschland und die westlichen Demokratien, 7. Aufl. 1979, insb. S. 32 ff., 113 ff. Verwendung des Terminus z.B. auch bei *Bäumlin*, Demokratie (Fn. 41), Sp. 458; *Zippelius*, Staatslehre (Fn. 6), S. 424 f. Zum Gegenbegriff *K. Löw*, Art. Volksdemokratie, in: Görres-Gesellschaft (Hrsg.), Staatslexikon. Recht–Wirtschaft–Gesellschaft, Bd. 5, 7. Aufl. 1989, Sp. 794 f.

63 *K. Günther*, Hans Kelsen (1881–1973): Das nüchterne Pathos der Demokratie, in: Kritische Justiz (Hrsg.), Streitbare Juristen, 1988, S. 367 ff. (373) beschreibt zutreffend den „Eindruck einer unausgesprochenen Kontroverse mit Carl Schmitt".

64 Die Schmitt-Literatur schwillt in den letzten Jahren stark an. Exemplarisch seien genannt: *H. Hofmann*, Legitimität gegen Legalität (1964), 2. Aufl. 1992 (mit einer neuen Vorbemerkung S. I–XXVIII, die auch über die zwischenzeitliche Diskussion unterrichtet); *H. Quaritsch*, Positionen und Begriffe Carl Schmitts, 2. Aufl. 1991; *R. Mehring*, Carl Schmitt zur Einführung, 1992; *Heinrich Meier*, Die Lehre Carl Schmitts, 1994; *A. Koenen*, Der Fall Carl Schmitt, 1995.

65 Einschlägige Schriften zum Verhältnis beider: *E. Sterling*, Studie über Hans Kelsen und Carl Schmitt, in: ARSP 47 (1961), S. 569 ff.; *W. Mantl*, Hans Kelsen und Carl Schmitt,

in: Krawietz/Topitsch/Koller, Demokratietheorie (Fn. 15), S. 189 ff.; *A. Somek*, Politischer Monismus versus formalistische Aufklärung. Zur Kontroverse zwischen Carl Schmitt und Hans Kelsen, in: S.L. Paulson/R. Walter (Hrsg.), Untersuchungen zur Reinen Rechtslehre, 1986, S. 109 ff.; *R. Mehring*, Staatsrechtslehre, Rechtslehre, Verfassungslehre: Carl Schmitts Auseinandersetzung mit Hans Kelsen, in: ARSP 80 (1994), S. 191 ff.

66 So *Kelsen*, Wesen (Fn. 5), S. 14.

67 *C. Schmitt*, Verfassungslehre, 1928, S. 234 ff.: „Demokratie [...] ist Identität von Herrscher und Beherrschten, Regierenden und Regierten, Befehlenden und Gehorchenden" (S. 234); „Das Wort ‚Identität' ist für die Definition der Demokratie deshalb brauchbar, weil es die umfassende, d.h. Regierende wie Regierte einschließende Identität des homogenen Volkes bezeichnet und die in andern Staatsformen bestehende Verschiedenheit zwischen Regierenden und Regierten verneint" (S. 235).

68 Richtig hervorgehoben bei *Günther*, Hans Kelsen (Fn. 63), S. 373. Siehe oben S. 46 f.

69 *Schmitt*, Verfassungslehre (Fn. 67), S. 228 ff. zur „substantiellen Gleichheit"; ebd., S. 234: „Die demokratische Gleichheit ist wesentlich Gleichartigkeit, und zwar Gleichartigkeit des Volkes"; ebd., S. 237: „Die demokratische Identität beruht auf der Vorstellung, daß alles, was es innerhalb des Staates an Betätigung staatlicher Macht und an Regierung gibt, innerhalb der substantiellen Gleichartigkeit bleibt." Dazu *Hofmann*, Legitimität (Fn. 64), S. 138 ff.

70 *C. Schmitt*, Die geistesgeschichtliche Lage des heutigen Parlamentarismus (1923), 2. Aufl. 1925, S. 20; ebd., S. 14 heißt es: „Die politische Kraft einer Demokratie zeigt sich darin, daß sie das Fremde und Ungleiche, die Homogenität Bedrohende zu beseitigen oder fernzuhalten weiß."

71 *C. Schmitt*, Der Hüter der Verfassung (1931), 3. Aufl. 1985, S. 159.

72 Dazu *H. Hofmann*, Repräsentation. Studien zur Wort- und Begriffsgeschichte von der Antike bis ins 19. Jahrhundert (1974), 2. Aufl. 1990, S. 440 ff., 445; *Hofmann/Dreier*, Repräsentation (Fn. 29), § 5 Rn. 30 f.; *Prisching*, Hans Kelsen (Fn. 34), S. 97 ff.

73 *Schmitt*, Parlamentarismus (Fn. 70); treffliche zeitgenössische Gegenkritik bei *R. Thoma*, Zur Ideologie des Parlamentarismus und der Diktatur, in: Archiv für Sozialwissenschaft und Sozialpolitik 53 (1925), S. 212 ff.

74 *Schmitt*, Parlamentarismus (Fn. 70), S. 23.

75 *Kelsen*, Wesen (Fn. 5), S. 58 ff.

76 *Schmitt*, Parlamentarismus (Fn. 70), S. 22 (beide Zitate); vgl. *ders.*, Verfassungslehre (Fn. 67), S. 280 f.

77 *C. Schmitt*, Der bürgerliche Rechtsstaat, 1928, in: G. Maschke (Hrsg.), Staat, Großraum, Nomos. Arbeiten aus den Jahren 1916–1969, 1995, S. 44 ff. (48); *Schmitt*, Verfassungslehre (Fn. 67), S. 245.

78 *C. Schmitt*, Volksentscheid und Volksbegehren, 1927, S. 34; *ders.*, Verfassungslehre (Fn. 67), S. 83 f., 243 f., 278 f.; *ders.*, Rechtsstaat (Fn. 77), S. 48. Näher zu seinem Akklamationsbegriff *Hofmann*, Legitimität (Fn. 64), S. 157 f.

79 *Schmitt*, Parlamentarismus (Fn. 70), S. 22; *ders.*, Verfassungslehre (Fn. 67), S. 243: „Als anwesendes, wirklich versammeltes Volk ist es in der reinen Demokratie mit dem möglichen Höchstmaß von Identität vorhanden".

80 Ganz plakativ die Überschrift zu der „Vorbemerkung", die er der zweiten Auflage der Parlamentarismusschrift vorangestellt hat: „über den Gegensatz von Parlamentarismus und Demokratie" (*Schmitt*, Parlamentarismus [Fn. 70], S. 5 ff.). Zu diesem Punkt ausführlicher *J. Habermas*, Die Schrecken der Autonomie, in: ders., Eine Art Schadensabwicklung, 1987, S. 103 ff. (112 ff.); *M. Kaufmann*, Recht ohne Regel? Die philosophischen Prinzipien in Carl Schmitts Staats- und Rechtslehre, 1988, S. 132 ff.; *Mehring*, Einführung (Fn. 64), S. 78 ff.

81 Siehe oben S. 49 unter III. 4. c.

82 *Schmitt*, Verfassungslehre (Fn. 67), S. 204 ff., 214 f., 218; vgl. auch *ders.*, Parlamentarismus (Fn. 70), S. 44. Dazu *Hofmann*, Legitimität (Fn. 64), XVI: Schmitts Begriff der Repräsentation „ist abgezogen von der Papstkirche und der absoluten Monarchie".

83 *Schmitt*, Verfassungslehre (Fn. 67), S. 315.

84 *Schmitt*, Verfassungslehre (Fn. 67), S. 235.

85 *Hofmann*, Legitimität (Fn. 64), S. 149; vgl. *Prisching*, Hans Kelsen (Fn. 34), S. 102: „Vertauschung der Begriffe".

86 *Schmitt*, Parlamentarismus (Fn. 70), S. 22, 37, 41.

87 *Schmitt*, Parlamentarismus (Fn. 70), S. 22.

88 *Schmitt*, Verfassungslehre (Fn. 67), S. 237.

89 Deutlich *Schmitt*, Verfassungslehre (Fn. 67), S. 243 f.: „Erst das wirklich versammelte Volk ist Volk und nur das wirklich versammelte Volk kann das tun, was spezifisch zur Tätigkeit

dieses Volkes gehört: es kann akklamieren, d.h. durch einfachen Zuruf seine Zustimmung oder Ablehnung ausdrücken, Hoch oder Nieder rufen, einem Führer oder einem Vorschlag zujubeln, den König oder irgendeinen anderen hochleben lassen, oder durch Schweigen oder Murren die Akklamation verweigern." Vgl. *ders.*, Parlamentarismus (Fn. 70), S. 22 f. Zur Kritik *Kaufmann*, Recht (Fn. 80), S. 165 ff.

90 *Kelsen*, Wesen (Fn. 5), S. 10 f. Vgl. als aktuelle Bestandsaufnahme *K. Graf Ballestrem*, Liberalismus und Demokratie, in: ders. (Hrsg.), Theorie und Praxis. FS Nikolaus Lobkowicz, 1996, S. 179 ff.

91 *Kelsen*, Wesen (Fn. 5), S. 12 f.

92 *Kelsen*, Wesen (Fn. 5), S. 13.

93 Zum folgenden ausführlicher *Dreier*, Rechtslehre (Fn. 9), S. 262 ff.

94 *Kelsen*, Wesen (Fn. 5), S. 53. Kritisch zur fehlenden plausiblen Einfügung dieser Rechte in seine Demokratietheorie *P. Koller*, Zu einigen Problemen der Rechtfertigung der Demokratie, in: Krawietz/Topitsch/Koller, Demokratietheorie (Fn. 15), S. 319 ff. (323 ff.); *Prisching*, Hans Kelsen (Fn. 34), S. 87 f.

95 *Kelsen*, Wesen (Fn. 5), S. 95 f.

96 *Kelsen*, Foundations (Fn. 8), S. 31, 39, 81, 83.

97 *Kelsen*, Foundations (Fn. 8), S. 27.

98 *Kelsen*, Foundations (Fn. 8), S. 4.

99 *Kelsen*, Staatsform (Fn. 7), S. 40 ff. (47).

100 Zum folgenden näher *Hofmann/Dreier*, Repräsentation (Fn. 29), § 5 Rn. 16 ff., 22 f.; siehe auch *D. Grimm*, Braucht Europa eine Verfassung?, 1995, S. 37 f.

101 *R. Wahl*, Art. Demokratie, Demokratieprinzip, in: R. Scheyhing u.a. (Hrsg.), Ergänzbares Lexikon des Rechts, Nr. 5/170, 1990, S. 4; vgl. zur Bedeutung der demokratischen bzw. politischen Mitwirkungsrechte auch *Böckenförde*, Demokratie (Fn. 6), § 22 Rn. 41, 54, 86; *J. P. Müller*, Demokratische Gerechtigkeit, 1993, S. 175 ff.; *K. Hesse*, Bedeutung der Grundrechte, in: E. Benda/W. Maihofer/H.-J. Vogel (Hrsg.), Handbuch des Verfassungsrechts, 2. Aufl. 1994, § 5 Rn. 20.

102 Eingehender zu diesem Zusammenhang *H. Dreier*, Dimensionen der Grundrechte, 1993, S. 38 ff.; *ders.*, in: Dreier, Grundgesetz-Kommentar I (Fn. 35), Vorbemerkung Rn. 41 und 47.

103 Vgl. BVerfGE 7, 198 (208), wonach die Meinungsäußerungsfreiheit für die Demokratie „schlechthin konstituierend" ist;

ähnlich für andere Kommunikationsgrundrechte BVerfGE 77, 65 (74); für die Versammlungsfreiheit BVerfGE 69, 315 (347). Vgl. aus der Literatur statt aller *H. Schulze-Fielitz*, in: Dreier, Grundgesetz-Kommentar I (Fn. 35), Art. 5 I, II Rn. 31 ff.; *ders.*, ebd., Art. 8 Rn. 9; *H. Bauer*, ebd., Art. 9 Rn. 18.

104 *M. Morlok*, in: Dreier, Grundgesetz-Kommentar I (Fn. 35), Art. 4 Rn. 25; *A. Hollerbach*, Grundlagen des Staatskirchenrechts, in: J. Isensee/P. Kirchhof (Hrsg.), Handbuch des Staatsrechts der Bundesrepublik Deutschland, Bd. V, 1992, § 138 Rn. 96 ff.

105 Vgl. m.w.N. *Dreier*, Dimensionen (Fn. 102), S. 33 f. mit Fn. 116.

106 Man kann das Problem auch dahingehend formulieren, daß erstens der Kreis der sog. „politischen" oder „demokratischen" Grundrechte (vgl. *Hesse*, Verfassungsrecht [Fn. 27], Rn. 288; *Böckenförde*, Demokratie [Fn. 6], § 22 Rn. 37, 86; *Badura*, Demokratie [Fn. 6], § 23 Rn. 32) nicht ohne weiteres präzise zu bestimmen ist und sich zweitens die Frage stellt, ob nicht auch eher apolitisch scheinende Grundrechte (z.B.: Privatsphäre, Kunst, Beruf, Eigentum) zumindest in einem mittelbaren Zusammenhang mit der notwendigen Infrastruktur eines freien demokratischen Gemeinswesens stehen.

107 Vgl. eingehender *Dreier*, Rechtslehre (Fn. 9), S. 266 ff.; zum Problem auch *Böckenförde*, Demokratie (Fn. 6) § 22 Rn. 36 ff.; *ders.*, Demokratische Willensbildung und Repräsentation, in: J. Isensee/P. Kirchhof (Hrsg.), Handbuch des Staatsrechts der Bundesrepublik Deutschland, Bd. II, 1987, § 30 Rn. 27 ff.

108 *Kelsen*, Foundations (Fn. 8), S. 80 ff.

109 *Kelsen*, Wesen (Fn. 5), S. 99.

110 Siehe dazu *Hofmann/Dreier*, Repräsentation (Fn. 29), § 5 Rn. 58 m.w.N.

111 *Kelsen*, Wesen (Fn. 5), S. 102 spricht vom (politischen) „Absolutismus eines Monarchen, einer Priester-, Adels-, Kriegerkaste, einer Klasse oder sonst privilegierten Gruppe".

112 *Kelsen*, Wesen (Fn. 5), S. 100 f.

113 Dazu genauer *Dreier*, Rechtslehre (Fn. 9), S. 273 ff.

114 *Kelsen*, Wesen (Fn. 5), S. 101 (Hv. i.O.). Noch berühmter ist vielleicht der Schluß seiner Abhandlung (S. 103 f.) geworden, wo er sich auf die biblische Episode aus dem Johannes-Evangelium bezieht, wonach Pontius Pilatus eine Abstimmung des (jüdischen) Volkes über die Frage herbeigeführt

haben soll, ob er Jesus Christus oder den Räuber Barabbas freilassen solle, woraufhin das Volk für den letztgenannten votierte. Daraus einen Einwand gegen die Demokratie zu schmieden, so *Kelsen*, ginge durchaus an, „freilich nur unter einer Bedingung: Wenn die Gläubigen ihrer politischen Wahrheit, die, wenn nötig, auch mit blutiger Gewalt durchgesetzt werden muß, so gewiß sind wie – der Sohn Gottes." Zur (zuweilen überschätzten) Bedeutung dieser Passage siehe *R. Gross*, Jesus oder Christus? Überlegungen zur „Judenfrage" in der politischen Theologie Carl Schmitts, in: A. Göbel u.a. (Hrsg.), Metamorphosen des Politischen, 1995, S. 75 ff.; *M. Pawlik*, Rechtsstaat und Demokratie in der Perspektive der Reinen Rechtslehre, in: W. Brugger (Hrsg.), Legitimation des Grundgesetzes aus Sicht von Rechtsphilosophie und Gesellschaftstheorie, 1996, S. 167 ff. (182 f.).

115 Dazu eingehend *Böckenförde*, Demokratie (Fn. 6), § 22 Rn. 58 ff.; *J. Isensee*, Staat und Verfassung, in: Isensee/Kirchhof, Handbuch I (Fn. 6) § 13 Rn. 46 ff.; *ders.*, Am Ende der Demokratie – oder am Anfang?, 1995, S. 51 ff. Kelsen hat die Unentbehrlichkeit einer gesellschaftlichen Verankerung und politischen Kultur der Demokratie stets betont: vgl. *Dreier*, Rechtslehre (Fn. 9), S. 271 ff., 283 ff., 289, 293.

116 Vgl. *Kelsen*, Foundations (Fn. 8), S. 4 (ebd., S. 28, 61); dazu *Dreier*, Rechtslehre (Fn. 9) S. 271 ff.

117 *Böckenförde*, Demokratie (Fn. 6), § 22 Rn. 56; *Isensee*, Staat (Fn. 115), § 13 Rn. 47 ff.

118 Vgl. *Kelsen*, Foundations (Fn. 8), S. 39.

119 Vgl. *A. Brecht*, Politische Theorie, 1961, S. 158 ff., 191 ff., 406 ff.; *N. Leser*, Wertrelativismus, Grundnorm und Demokratie, in: F. Ermarcora (Hrsg.), Hundert Jahre Verfassungsgerichtsbarkeit – Fünfzig Jahre Verfassungsgerichtshof in Österreich, 1968, S. 225 ff. (228 ff.). Die im deutschen Grundgesetz vorgesehenen Instrumente der sog. „wehrhaften" (streitbaren, militanten) Demokratie, mit denen hier qua Vereinigungsverbot (Art. 9 II GG), Parteiverbot (Art. 21 II GG) und der Grundrechtsverwirkung (Art. 18 GG) bereits im Vorfeld gegen Feinde der Demokratie eingeschritten werden kann, sind im internationalen Vergleich zumindest unüblich, zum Teil solitär; außerdem fügen sie sich weder in der Theorie noch in der Praxis bruchlos in die Logik freiheitlicher Verfassungsstaatlichkeit ein (näher *Dreier*, Grenzen [Fn. 30] S. 750 ff.). Zum davon zu unterscheidenden Problem des Art. 79 III GG sogleich mehr.

120 So Kelsens Terminologie: *Kelsen*, Wesen (Fn. 5), S. 100 f. Seine Parallelisierungen, die er ausführlicher in der 1933 erschienenen Studie über „Staatsform und Weltanschauung" entfaltet hat, erstrecken sich von der philosophischen Erkenntnistheorie über die Wertlehre bis hin zu den politischen Gestaltungsprinzipien; zu den teilweise etwas gewagten und letztlich auf einen demokratischen Charaktertypus hinauslaufenden Konstruktionen *Dreier*, Rechtslehre (Fn. 9), S. 272 ff.

121 *Prisching*, Hans Kelsen (Fn. 34), S. 114.

122 Auch *M. Kriele*, Einführung in die Staatslehre, 5. Aufl. 1994, S. 258 hat betont, daß man zugleich relativistisch und autoritär denken könne. Vgl. näher *Dreier*, Rechtslehre (Fn. 9) S. 288 mit Fn. 155 m.w.N.

123 Vgl. *Dreier*, Rechtslehre (Fn. 9), S. 287 f. mit Fn. 154; zu ergänzen ist *G. Harrison*, Relativism and Tolerance, in: Ethics 86 (1976), S. 122 ff.; *Koller*, Zu einigen Problemen (Fn. 94), S. 325 f.; *Prisching*, Hans Kelsen (Fn. 34), S. 114: „Aus der allseitigen Relativierung entsteht weniger die Kompromißbereitschaft, sondern der Drang nach Gewißheit und Sicherheit." Ähnlich jetzt *Pawlik*, Rechtsstaat (Fn. 114), S. 184: „Aus dem philosophischen Wertrelativismus folgt deshalb nicht nur keine Legitimation der Demokratie, sondern überhaupt keine intersubjektiv verbindliche Begründung irgendeiner Staatsform."

124 Vgl. auch *Böckenförde*, Demokratie (Fn. 6), § 22 Rn. 56, der darin den richtigen Kern der Auffassung Kelsens (und Radbruchs) sieht. In vergleichbarer Weise spricht *Pawlik*, Rechtsstaat (Fn. 114), S. 184 von einem „pragmatischen Wertrelativismus".

125 Zu diesbezüglichen Problemen und den begrenzten Mitteln des Verfassungsstaates vgl. *F. Hufen*, Fundamentalismus als Herausforderung des Verfassungsrechts und der Rechtsphilosophie, in: Staatswissenschaften und Staatspraxis 3, 1992, S. 455 ff. (463 ff., 473 ff.).

126 Vgl. dazu die Hinweise bei *Dreier*, Rechtslehre (Fn. 9), S. 272 Fn. 98.

127 *H. Kelsen*, Verteidigung der Demokratie, in: Leser, Demokratie (Fn. 7), S. 60 ff. (Zitat S. 68; Hv. i.O.).

128 Vgl. *Rousseau*, Contrat (Fn. 17), 4. Buch, 1. und 2. Kapitel (reclam-Ausgabe S. 113, 115, 117).

129 *H. Kelsen*, Staatsform und Weltanschauung, 1933, S. 20; *ders.*, Foundations (Fn. 8), S. 31.

130 Ähnlich wie im folgenden *Boldt*, Demokratietheorie (Fn. 3), S. 325 f., dessen Terminologie (Majoritätsherrschaft als „Begriff" der Demokratie, individuelle Freiheit als ihre „Idee") mir allerdings nicht recht glücklich erscheint. Siehe auch *Zippelius*, Staatslehre (Fn. 6), S. 256.

131 Vgl. oben S. 40 ff. Das ist auch deutlich herausgestellt bei *Böckenförde*, Demokratie (Fn. 6), § 22 Rn. 35 ff.

132 Vgl. näher *Dreier*, Grenzen (Fn. 30), S. 746 ff.

133 *Böckenförde*, Demokratie (Fn. 6), § 22 Rn. 80.

Joh 18, Wertrelativismus und Demokratietheorie

Erstveröffentlichung in: Robert Walter/Klaus Zeleny (Hrsg.), Reflexionen über Demokratie und Recht. Festakt aus Anlass des 60. Geburtstages von Clemens Jabloner, Wien 2009, S. 13–31.

1 *Hans Kelsen*, Vom Wesen und Wert der Demokratie, 2. Aufl., Tübingen 1929 (ND Aalen 1981). Siehe jetzt auch den Abdruck dieser Schrift, der Erstfassung von 1920 sowie weiterer thematisch einschlägiger Texte Kelsens in: *Hans Kelsen*, Verteidigung der Demokratie. Abhandlungen zur Demokratietheorie, ausgewählt und herausgegeben von Matthias Jestaedt und Oliver Lepsius, Tübingen 2006.

2 *Kelsen*, Wesen (Fn. 1), S. 103 f.; Hervorhebungen im Original, H.D.

3 *Friedrich Dürrenmatt*, Pilatus, Zürich 1952.

4 *Oswald Spengler*, Der Untergang des Abendlandes. Umrisse einer Morphologie der Weltgeschichte, Bd. II: Welthistorische Perspektiven, München 1922, S. 262.

5 *Rudolf Bultmann*, Das Evangelium des Johannes, 21. Aufl., Göttingen 1986, S. 507 f. Bultmann stützt sich hierbei vor allem auf: *Hans Freiherr von Soden*, »Was ist Wahrheit?« Vom geschichtlichen Begriff der Wahrheit, Marburg 1927, S. 5 f., 9 f.

6 *Marcus Llanque*, Die politische Differenz zwischen absoluter Gerechtigkeit und relativem Rechtsstaat bei Hans Kelsen, in: Herfried Münkler/Marcus Llanque (Hrsg.), Konzeptionen der Gerechtigkeit. Kulturvergleich – Ideengeschichte – Moderne Debatte, Baden-Baden 1999, S. 219 ff. (235).

7 *Gustav Radbruch*, Grundzüge der Rechtsphilosophie, Leipzig 1914, S. 28. Kein Geringerer als *Max Weber*, Der Sinn der »Wertfreiheit« der soziologischen und ökonomischen Wissenschaften (1917), in: ders., Gesammelte Aufsätze zur Wissenschaftslehre, 5. Aufl., Tübingen 1982, S. 489 ff. (499 Anm. 1) verwies schon früh auf die ein Jahr zuvor erschienene zweite Auflage der »Einführung in die Rechtswissenschaft« Radbruchs, die ähnliche Passagen zur »›Unaustragbarkeit‹ gewisser letzter Wertungen« enthielt, wenn auch ohne Bezug zu der biblischen Stelle.

8 *Carl Schmitt*, Politische Theologie (2. Aufl. 1934), 4. Aufl., Berlin 1985, S. 78. Eingehend hierzu *Raphael Gross*, Jesus oder Christus? Überlegungen zur »Judenfrage« in der politischen Theologie Carl Schmitts, in: Andreas Göbel/Dirk van Laak/Ingeborg Villinger (Hrsg.), Metamorphosen des Politischen. Grundfragen politischer Einheitsbildung seit den 20er Jahren, Berlin 1995, S. 75 ff. (79 ff.).

9 *Hans Kelsen*, Was ist Gerechtigkeit? (1953), 2. Aufl. Wien 1975. Erhältlich auch als praktische reclam-Ausgabe mit einem Nachwort von Robert Walter, Stuttgart 2000.

10 *Otto Koellreutter* etwa vermerkt in seiner kritischen Rezension von Kelsens Demokratieschrift tadelnd, man werde »überhaupt leise Zweifel hegen können, ob die Schilderung aus dem Johannesevangelium als Ausklang der Kelsenschen Deduktionen am Platze« sei (AöR 56 [N.F. 17] [1929], S. 138 ff. [140]); *Arnold Brecht*, Politische Theorie – Die Grundlagen politischen Denkens im 20. Jahrhundert, Tübingen 1961, S. 676 f. wandte ein, daß man Pilatus' Vorgehen nicht als demokratisch einstufen könne, weil die Freiheit des Gewissens, der Lehre und der Religion politisch nicht garantiert gewesen seien.

11 Ich beziehe mich im folgenden auf: *Joseph Kardinal Ratzinger*, Was ist Wahrheit? Die Bedeutung religiöser und sittlicher Werte in der pluralistischen Gesellschaft (1992), in: ders., Werte in Zeiten des Umbruchs. Die Herausforderungen der Zukunft bestehen, Freiburg–Basel–Wien 2005, S. 49 ff. – Unkritische Paraphrase dazu: *Helmut Hoping*, Diesseits und jenseits des Staates: Die Wahrheitsfrage in der pluralistischen Gesellschaft – Zur Theologie des Politischen

bei Joseph Ratzinger/Benedikt XVI., in: Politische Studien 57 (2006), S. 15 ff. (16 f.).

12 *Ratzinger*, Wahrheit (Fn. 11), S. 57 f.

13 Das ist detaillierter als hier möglich nachgezeichnet bei: *Horst Dreier*, Kelsens Demokratietheorie: Grundlegung, Strukturelemente, Probleme, in: Robert Walter/Clemens Jabloner (Hrsg.), Hans Kelsens Wege sozialphilosophischer Forschung, Wien 1997, S. 79 ff. [in diesem Band S. 39 ff.] – Siehe aus jüngerer Zeit *Andreas Kley*, Hans Kelsen als politischer Denker des 20. Jahrhunderts. Ein Beitrag zu »Wesen und Wert der Demokratie«, in: Lichtensteinische Juristenzeitung 2000, S. 16 ff. (18 ff.); *Oliver Lepsius*, Zwischen Volkssouveränität und Selbstbestimmung. Zu Kelsens demokratietheoretischer Begründung einer sozialen Ordnung aus der individuellen Freiheit, in: Hauke Brunkhorst/Rüdiger Voigt (Hrsg.), Rechts-Staat. Staat, internationale Gemeinschaft und Völkerrecht bei Hans Kelsen, Baden-Baden 2008, S. 15 ff. (27 ff.); die Autonomie des Individuums als Fixpunkt ist auch betont bei *Jan Wiktor Tkaczynski*, »Vom Wesen und Wert der Demokratie« von Hans Kelsen aus heutiger Sicht, in: Der Staat 47 (2008), S. 108 ff. (110).

14 *Ratzinger*, Wahrheit (Fn. 11), S. 53, 58.

15 *Ratzinger*, Wahrheit (Fn. 11), S. 53.

16 Wie hier *Gross*, Jesus (Fn. 8), S. 78 f. Zu diesem Punkt noch weiter im Text unter III.2. [S. 93 ff.].

17 *Ratzinger* bezieht sich in den Anmerkungen allein auf Publikationen von H. Kuhn, V. Possenti und H. Schlier. Kelsens Text fehlt ebenso wie einschlägige Sekundärliteratur dazu.

18 Deshalb stellt es einen auffälligen Kontrapunkt dar, wenn ein Text mit der Überschrift versehen wird: »Lob des Rechtspositivismus« (so bei *Horst Meier*, in: Merkur. Deutsche Zeitschrift für europäisches Denken Nr. 673, Mai 2005, S. 430 ff.).

19 *Radbruch*, Grundzüge (Fn. 7), S. 25 (mit der folgenden Erläuterung, daß aber »die wissenschaftliche Ermittlung der zur Erreichung eines einmal gewählten Zwecks dienlichen Mittel« durchaus denkbar sei). Ähnlich *Hans Kelsen*, Allgemeine Staatslehre, Berlin 1925, S. 27 f.

20 *Weber*, Sinn (Fn. 7), S. 503; Hervorhebung im Original.

21 *Weber*, Sinn (Fn. 7), S. 499 Anm. 1.

22 Eindringliche Darstellung bei *Hartmann Tyrell*, Max Weber: Wertkollision und christliche Werte, in: Zeitschrift für evangelische Ethik 37 (1993), S. 121 ff.

23 Zum entsprechenden Kränkungspotential der Reinen Rechtslehre *Horst Dreier*, Hans Kelsens Wissenschaftsprogramm, in: Helmuth Schulze-Fielitz (Hrsg.), Staatsrechtslehre als Wissenschaft, Berlin 2007, S. 81 ff. (113 f.). Betonung des demokratischen Egalitarismus auch bei *Christoph Möllers*, Demokratie – Zumutungen und Versprechen, Berlin 2008, S. 15 ff.

24 *Platon*, Protagoras, 320 C ff. – Aus der Sekundärliteratur vgl. dazu etwa *Klaus Adomeit*, Antike Denker über den Staat, 3. Aufl., Heidelberg 2001, S. 2 ff., 6 f.; eingehend *Bernd Manuwald*, Platon, Protagoras, Göttingen 2006, insb. S. 89 ff.

25 *Kelsen*, Gerechtigkeit (Fn. 9), S. 7 ff. bzw. 16 ff. (reclam-Ausgabe).

26 Vgl. nochmals *Kelsen*, Gerechtigkeit (Fn. 9), S. 10 f. bzw. 19 (reclam-Ausgabe).

27 In aller wünschenswerten Deutlichkeit *Kelsen*, Gerechtigkeit (Fn. 9), S. 6 bzw. 15 (reclam-Ausgabe): »Das Problem der Werte ist vor allem und in erster Linie das Problem der Wertkonflikte. Und dieses Problem kann nicht mit den Mitteln rationaler Erkenntnis gelöst werden. Die Antwort auf die sich hier ergebenden Fragen ist stets ein Urteil, das in letzter Linie von emotionalen Faktoren bestimmt wird und daher einen höchst subjektiven Charakter hat. Das heißt, daß es gültig nur ist für das urteilende Subjekt, und in diesem Sinn relativ.«

28 Vertiefend hierzu *Manfred Prisching*, Hans Kelsen und Carl Schmitt. Zur Konfrontation zweier staatstheoretischer Modelle, in: Ota Weinberger/Werner Krawietz (Hrsg.), Reine Rechtslehre im Spiegel ihrer Fortsetzer und Kritiker, Wien 1988, S. 77 ff. (114); *Michael Pawlik*, Rechtsstaat und Demokratie in der Perspektive der Reinen Rechtslehre. Zur Legitimation des Grundgesetzes bei Hans Kelsen, in: Winfried Brugger (Hrsg.), Legitimation des Grundgesetzes aus Sicht von Rechtsphilosophie und Gesellschaftstheorie, Baden-Baden 1996, S. 167 ff. (184 ff.) mit der Unterscheidung zwischen einem philosophischen und einem pragmatischen Wertrelativismus.

29 Wiederum besonders eindeutig *Hans Kelsen*, Juristischer Formalismus und reine Rechtslehre, in: Juristische Wochenschrift 1929, S. 1723 ff. (1724): »Wissenschaft treiben zwingt ja nicht, auf politische Werturteile zu verzichten, verpflichtet nur: das Eine vom Anderen, Erkennen und Wollen, voneinander zu trennen.«

30 So *Gustav Radbruch*, Rechtsphilosophie, § 2, S. 18 (zitiert nach der vorbildlichen Studienausgabe von Stanley L. Paulson und Ralf Dreier, 2. Aufl., Heidelberg 2003).

31 *Marianne Weber*, Max Weber. Ein Lebensbild (1926), Tübingen 1984, S. 339; Hervorhebung im Original.

32 *Max Weber*, Die »Objektivität« sozialwissenschaftlicher und sozialpolitischer Erkenntnis (1904), in: ders., Gesammelte Aufsätze (Fn. 7), S. 146 ff. (152).

33 *Radbruch*, Grundzüge (Fn. 7), S. 28.

34 *Theo Mayer-Maly*, Rechtsphilosophie, New York 2001, S. 25.

35 *Patrick Bahners*, Pilatus und die Mehrheit, in: Frankfurter Allgemeine Zeitung Nr. 55 v. 6.3.1991, S. N 3. – Daß diese »Überbürdung« und die Rückverwiesenheit auf sich selbst ein Strukturmerkmal von Kelsens Rechtstheorie darstellt, wird zu zeigen versucht bei *Horst Dreier*, Rechtslehre, Staatssoziologie und Demokratietheorie bei Hans Kelsen, Baden-Baden 1986 (2. Aufl. 1990), S. 228 ff. (246: »Überbürdung der Wertfrage auf die subjektive Wahrhaftigkeit des Individuums«).

36 Vgl. *Tyrell*, Wertkollision (Fn. 22), S. 123 ff., 130 ff.

37 *Llanque*, Differenz (Fn. 6), S. 234.

38 Vgl. die Beiträge in: Franz Brendle/Anton Schindling (Hrsg.), Religionskriege im Alten Reich und in Alteuropa, Münster 2006.

39 Grundlegende Studien: *Klaus Schlaich*, Neutralität als verfassungsrechtliches Prinzip, Tübingen 1972; *Stefan Huster*, Die ethische Neutralität des Staates, Tübingen 2002.

40 Siehe etwa *Roman Schnur*, Die französischen Juristen im konfessionellen Bürgerkrieg des 16. Jahrhunderts, Berlin 1962, S. 11 ff.; *Ernst Forsthoff*, Der Staat der Industriegesellschaft, München 1971, S. 11; *Ernst-Wolfgang Böckenförde*, Die Entstehung des Staates als Vorgang der Säkularisation (1967), in: ders., Staat, Gesellschaft, Freiheit. Studien zur Staatstheorie und zum Verfassungsrecht, Frankfurt/M. 1976, S. 42 ff.

41 Zum Konzept der Konfessionalisierung prägend und wegweisend (aus einer Fülle weiterer Titel): *Wolfgang Reinhard*, Gegenreformation als Konfessionalisierung? Prolegomena zu einer Theorie des konfessionellen Zeitalters, in: Archiv für Reformationsgeschichte 68 (1977), S. 226 ff.; *Heinz Schilling*, Die Konfessionalisierung im Reich. Religiöser und gesellschaftlicher Wandel in Deutschland zwischen 1555 und 1620, in: Historische Zeitschrift 246 (1988), S. 1 ff.;

Wolfgang Reinhard/Heinz Schilling (Hrsg.), Die katholische Konfessionalisierung, Gütersloh 1995.

42 Zum unterschiedlich lange währenden Gleichlauf von Konfessionalisierung und Staatsentwicklung vgl. *Horst Dreier*, Kanonistik und Konfessionalisierung – Marksteine auf dem Weg zum Staat, in: Georg Siebeck (Hrsg.), Artibus ingenuis. Beiträge zu Theologie, Philosophie, Jurisprudenz und Ökonomik, Tübingen 2001, S. 133 ff. (153 ff.).

43 Diese prägnante Bezeichnung bei *Gerhard Anschütz*, Die Religionsfreiheit, in: Gerhard Anschütz/Richard Thoma (Hrsg.), Handbuch des Deutschen Staatsrechts, Bd. 2, Tübingen 1932, § 106, S. 675 ff. (676).

44 Jüngerer Überblick zur Gesamtentwicklung: *Martin Morlok*, in: Horst Dreier (Hrsg.), Grundgesetz-Kommentar, Bd. 1, 2. Aufl., Tübingen 2004, Art. 4 Rn. 3 ff.; *Christian Walter*, Religionsverfassungsrecht in vergleichender und internationaler Perspektive, Tübingen 2006, S. 22 ff., 36 ff.; *Martin Heckel*, Vom Religionskonflikt zur Ausgleichsordnung, München 2007; für die Rechtslage unter dem Grundgesetz vgl. *Fabian Wittreck*, Bonn ist doch Weimar. Die Religionsfreiheit im Grundgesetz als Resultat von Konflikt und Kontroverse, in: Hans G. Kippenberg/Astrid Reuter (Hrsg.), Religionskonflikte im Verfassungsstaat, Göttingen 2010, S. 66 ff.

45 *Morlok* (Fn. 44), Art. 4 Rn. 21 ff., 27 ff., 34 ff.; *Christian Walter*, Religions- und Gewissensfreiheit, in: Rainer Grote/Thilo Marauhn (Hrsg.), EMRK/GG. Konkordanzkommentar zum europäischen und deutschen Grundrechtsschutz, Tübingen 2006, Kap. 17 (S. 817 ff.).

46 *John Rawls*, Political Liberalism, New York 1993, S. XVII, 54 ff. (dt. u.d.T.: Politischer Liberalismus. Übersetzt von Wilfried Hinsch, Frankfurt/M. 1998, S. 13, 127 ff.); *ders.*, Der Gedanke eines übergreifenden Konsenses (1987), in: ders., Die Idee des politischen Liberalismus. Aufsätze 1978–1987, herausgegeben von Wilfried Hinsch, Frankfurt/M. 1992, S. 293 ff. (294 f., 298).

47 *Rawls*, Political Liberalism (Fn. 46), S. XVIII: »How is it possible that there may exist over time a stable and just society of free and equal citizens profoundly divided by reasonable though incompatible religious, philosophical, and moral doctrines?«

48 Vgl. zu ihren konträren Auffassungen auf verschiedenen Feldern die Beiträge in: Dan Diner/Michael Stolleis (eds.), Hans Kelsen and Carl Schmitt. A Juxtaposition, Gerlingen 1999.

49 Zur Bedeutung des akzeptierten Pluralismus in Kelsens Demokratiekonzeption vgl. *Dreier*, Kelsens Demokratietheorie (Fn. 13), S. 84 f. [in diesem Band S. 46 f.]. Deutliche Hervorhebung schon im Titel der (politikwissenschaftlichen) Arbeit von *Robert Chr. van Ooyen*, Der Staat der Moderne. Hans Kelsens Pluralismustheorie, Berlin 2003.

50 So das treffende Urteil von *Hans Boldt*, Demokratietheorie zwischen Rousseau und Schumpeter. Bemerkungen zu Hans Kelsens »Vom Wesen und Wert der Demokratie«, in: Max Kaase (Hrsg.), Politische Wissenschaft und politische Ordnung. Analysen zu Theorie und Empirie demokratischer Regierungsweise. Festschrift zum 65. Geburtstag von Rudolf Wildenmann, Opladen 1986, S. 217 ff. (217); ähnlich *Kley*, Hans Kelsen (Fn. 13), S. 17: »politikwissenschaftlicher Klassiker«.

51 Einschlägig etwa: *Detlef Lehnert*, Der Beitrag von Hans Kelsen und Hugo Preuß zum modernen Demokratieverständnis, in: Christoph Gusy (Hrsg.), Demokratisches Denken in der Weimarer Republik, Baden-Baden 2000, S. 221 ff.; *Karl G. Kick*, Politik als Kompromiß auf einer mittleren Linie: Hans Kelsen, in: Hans J. Lietzmann (Hrsg.), Moderne Politik. Politikverständnisse im 20. Jahrhundert, Opladen 2001, S. 63 ff.; *Robert Chr. van Ooyen*, Normative Staatslehre in pluralismustheoretischer Absicht: Hans Kelsens Verfassungstheorie der offenen Gesellschaft, in: Jahrbuch der Juristischen Zeitgeschichte, Bd. 7, 2005/2006, Berlin 2006, S. 239 ff. – Ein vergleichbarer Vorgang scheint in Bezug auf Richard Thoma einzusetzen, wenn dessen Beitrag zur parteienstaatlichen Demokratie nunmehr (wieder) ausdrücklich auch von nichtjuristischer Seite gewürdigt wird: *Frank Schale*, Die Arbeiten von Richard Thoma zur Parteiforschung, in: Manfred Gangl (Hrsg.), Das Politische. Zur Entstehung der Politikwissenschaft während der Weimarer Republik, Frankfurt/M. 2008, S. 359 ff.

52 Vgl. nur *Kelsen*, Wesen (Fn. 1), S. 3 ff. Zum folgenden darf ich auf eine andernorts erfolgte ausführlichere Behandlung der hier nur kurz angerissenen Aspekte verweisen: *Dreier*, Rechtslehre (Fn. 35), S. 249 ff.

53 Vgl. *Dreier*, Kelsens Demokratietheorie (Fn. 13), S. 80 f. [in diesem Band S. 40 ff.].

54 *Kelsen*, Wesen (Fn. 1), S. 6.

55 So *Kelsen*, Allgemeine Staatslehre (Fn. 19), S. 325; ähnliche Wendungen bei *Kelsen*, Wesen (Fn. 1), S. 11, 78.

56 So auch *Tkaczynski*, Wesen (Fn. 13), S. 109. Zur Modernität von Kelsens Parteiendoktrin jüngst *Yigal Mersel*, Hans Kelsen and Political Parties, in: Israel Law Review 39 (2006), S. 158 ff.

57 Zur darin liegenden »Zumutung« etwa *Llanque*, Differenz (Fn. 6), S. 231.

58 Vgl. *Aristoteles*, Politik, 1281 b. Zur historischen Entwicklung siehe *Otto von Gierke*, Zur Geschichte des Majoritätsprinzips, in: Schmollers Jahrbuch 39 (1915), S. 565 ff.; *Ulrich Scheuner*, Das Mehrheitsprinzip in der Demokratie, Opladen 1973, S. 13 ff., 17 ff., 35 ff.; *Werner Heun*, Das Mehrheitsprinzip in der Demokratie. Grundlagen – Struktur – Begrenzungen, Berlin 1983, S. 41 ff. Zur Rolle der Kanonistik und der Lehre von der pars maior et sanior knapp *Hasso Hofmann/Horst Dreier*, Repräsentation, Mehrheitsprinzip und Minderheitenschutz, in: Hans-Peter Schneider/Wolfgang Zeh (Hrsg.), Parlamentsrecht und Parlamentspraxis in der Bundesrepublik Deutschland, Berlin–New York 1989, § 5 Rn. 48.

59 *Kelsen*, Wesen (Fn. 1), S. 99.

60 *Kelsen*, Wesen (Fn. 1), S. 9 f.

61 *John Locke*, The Second Treatise of Government (1681/1689), § 96: »For when any number of men have, by the consent of every individual, made a community, they have thereby made that community one body, with a power to act as one body, which is only by the will and determination of the majority. For that which acts any community being only the consent of the individuals of it, and it being necessary to that which is one body to move one way, it is necessary the body should move that way wither the greater force carries it, which is the consent of the majority [...]«. (zitiert nach: *John Locke*, Political Writings, edited and with an Introduction by David Wootton, London 1993, S. 310).

62 Besonders scharf wurde dieser Punkt herausgestellt von *Carl Schmitt*, Legalität und Legitimität (1932), in: ders., Verfassungsrechtliche Aufsätze, 2. Aufl., Berlin 1973, S. 263 ff. (284 f., 295). Schon *Ernst Rudolf Bierling*, Zur Kritik der juristischen Grundbegriffe, Erster Teil, Gotha 1877 (ND Aalen 1965), S. 79 hatte bemerkt, es »würde augenscheinlicher Nonsens sein, die Gehorsamspflicht irgend einer Minorität gegenüber der Majorität aus einem reinen Zahlenverhältnisse ableiten zu wollen.«

63 *Hasso Hofmann*, Legitimität und Rechtsgeltung, Berlin 1977, S. 88: »Die Verbindlichkeit der Mehrheitsentscheidung folgt aus der Einsicht des Unterlegenen, daß deren

Anerkennung Bedingung der Möglichkeit der Entscheidungskorrektur ist.«

64 *Niklas Luhmann*, Positivität des Rechts als Voraussetzung einer modernen Gesellschaft, in: Jahrbuch für Rechtssoziologie und Rechtstheorie, Bd. 1, Bielefeld 1970, S. 175 ff. (197).

65 Eine vielzitierte Wendung: vgl. etwa *Klaus Stern*, Das Staatsrecht der Bundesrepublik Deutschland, Bd. I, 2. Aufl., München 1984, S. 609; ähnlich *Konrad Hesse*, Grundzüge des Verfassungsrechts der Bundesrepublik Deutschland, 20. Aufl., Heidelberg 1995, Rn. 139; *Ernst-Wolfgang Böckenförde*, Demokratie als Verfassungsprinzip, in: Josef Isensee/Paul Kirchhof (Hrsg.), Handbuch des Staatsrechts der Bundesrepublik Deutschland, Bd. II, 3. Aufl., Heidelberg 2004, § 24 Rn. 50; *Paul Kirchhof*, Der allgemeine Gleichheitssatz ebd., Bd. V, Heidelberg 1992, § 124 Rn. 188.

66 Vgl. *Hofmann/Dreier*, Repräsentation (Fn. 58), § 5 Rn. 58.

67 So *Hesse*, Grundzüge (Fn. 65), Rn. 143.

68 Vgl. nur *Stefan Breuer*, Der Staat. Entstehung, Typen, Organisationsstadien, Reinbek bei Hamburg 1998, S. 22 f.

69 *Böckenförde*, Demokratie (Fn. 65), § 24 Rn. 58 ff. unterscheidet unter der Überschrift »Voraussetzungen der Demokratie als Staats- und Regierungsform« systematisch zwischen soziokulturellen Voraussetzungen (Rn. 59 ff.), politisch-strukturellen Voraussetzungen (Rn. 69 ff.) und ethischen Voraussetzungen (Rn. 74 ff.) und bietet damit einen ebenso gut strukturierten wie sachlich wertvollen Katalog relevanter Aspekte.

70 Zum Homogenitätserfordernis siehe nur *Kelsen*, Wesen (Fn. 1), S. 65 f.; *ders.*, Allgemeine Staatslehre (Fn. 19), S. 324 f. (näher dazu *Dreier*, Rechtslehre [Fn. 35], S. 256 ff. (insb. mit den Hinweisen in Fn. 50 und 54); aus der aktuellen Literatur statt aller *Böckenförde*, Demokratie (Fn. 65), § 24 Rn. 47, 63 ff.

71 *Georg Simmel*, Exkurs über die Überstimmung (1908), in: ders., Soziologie. Untersuchungen über die Formen der Vergesellschaftung, 5. Aufl., Berlin 1968 (= Gesammelte Werke, Bd. 2), S. 142 ff. (145).

72 *Kelsen*, Wesen (Fn. 1), S. 65 f.; *ders.*, Allgemeine Staatslehre (Fn. 19), S. 324.

73 Ein wahres »Lob« des Kompromisses bei *Kelsen*, Wesen (Fn. 1), S. 56 ff. Ähnlich, aber ebensowenig wie Kelsen repräsentativ für die Staatsrechtslehre hat Richard Thoma in mehreren seiner einschlägigen Arbeiten diesen Aspekt

betont: vgl. *Richard Thoma*, Der Begriff der modernen Demokratie in seinem Verhältnis zum Staatsbegriff. Prolegomena zu einer Analyse des demokratischen Staates der Gegenwart (1923), in: ders., Rechtsstaat – Demokratie – Grundrechte. Ausgewählte Abhandlungen aus fünf Jahrzehnten, herausgegeben und eingeleitet von Horst Dreier, Tübingen 2008, S. 91 ff. (116); *ders.*, Über Wesen und Erscheinungsformen der modernen Demokratie (1948), ebd., S. 406 ff. (419, 423 f.). Kompakt *Helmuth Schulze-Fielitz*, Art. Kompromiss (J), in: Werner Heun u.a. (Hrsg.), Evangelisches Staatslexikon, 4. Aufl., Stuttgart 2006, Sp. 1291 ff.

74 Nähere Auseinandersetzung mit Tendenzen bei Kelsen, Demokratie in eine (zu) enge Verbindung mit gewissen weltanschaulichen Grundeinstellungen und charakterlichen Dispositionen zu bringen, bei *Dreier*, Rechtslehre (Fn. 35), S. 273 ff., 283 ff. Bereits früh kritisch dazu *Thoma*, Begriff (Fn. 73), S. 94 f. mit Fn. 5. – Die Federalist Papers dachten hier ganz anders, nämlich in Bahnen institutioneller und prozeduraler Sicherungen gegen menschliche Schwächen und Leidenschaften.

75 *Hofmann/Dreier*, Repräsentation (Fn. 58), § 5 Rn. 56.

76 Eingehender *Günther Frankenberg*, Tocquevilles Frage. Zur Rolle der Verfassung im Prozeß der Integration, in: Gunnar Folke Schuppert/Christian Bumke (Hrsg.), Bundesverfassungsgericht und gesellschaftlicher Grundkonsens, Baden-Baden 2000, S. 31 ff. (insb. 44 ff.); *Chantal Mouffe*, Über das Politische, Frankfurt/M. 2006, S. 29 ff., 47 ff.; *Horst Dreier*, Integration durch Verfassung? Rudolf Smend und die Grundrechtsdemokratie, in: Friedhelm Hufen (Hrsg.), Verfassungen – Zwischen Recht und Politik. Festschrift zum 70. Geburtstag für Hans-Peter Schneider, Baden-Baden 2008, S. 70 ff. (93 ff.).

77 Dazu *Kelsen*, Wesen (Fn. 1), S. 68. Näher *Clemens Jabloner*, Menschenbild und Friedenssicherung, in: Walter/Jabloner, Wege (Fn. 13), S. 57 ff.

78 *Clemens Jabloner*, Wie zeitgemäß ist die Reine Rechtslehre? in: Rechtstheorie 29 (1998), S. 1 ff. (21); Hervorhebung im Original, H.D.

Auswahlbibliographie der Schriften Kelsens

Hauptprobleme der Staatsrechtslehre entwickelt aus der Lehre vom Rechtssatze (1911), 2., um eine Vorrede vermehrte Aufl., Tübingen 1923 (Neudruck Aalen 1969) = HKW 2, S. 21–878.

Das Problem der Souveränität und die Theorie des Völkerrechts. Beitrag zu einer reinen Rechtslehre (1920), 2. Aufl., Tübingen 1928 (Neudruck Aalen 1981).

Der soziologische und der juristische Staatsbegriff. Kritische Untersuchung des Verhältnisses von Staat und Recht (1922), 2. Aufl., Tübingen 1928 (Neudruck Aalen 1981).

Allgemeine Staatslehre, Berlin 1925 (Nachdruck Bad Homburg v.d.H. u.a. 1966); auch als Studienausgabe, herausgegeben und eingeleitet von Matthias Jestaedt, Tübingen–Wien 2019.

Vom Wesen und Wert der Demokratie, 2. Aufl., Tübingen 1929 (Neudruck Aalen 1981); auch in: Hans Kelsen, Verteidigung der Demokratie. Abhandlungen zur Demokratietheorie, ausgewählt und herausgegeben von Matthias Jestaedt und Oliver Lepsius, Tübingen 2006, S. 149–228.

Wesen und Entwicklung der Staatsgerichtsbarkeit, in: Veröffentlichungen der Vereinigung der Deutschen Staatsrechtslehrer, Bd. 5, Berlin–Leipzig 1929, S. 30–80; auch in: Hans Kelsen, Wer soll der Hüter der Verfassung sein?, herausgegeben, mit einer Einleitung und einem Nachtrag zur Kelsen-Rezeption versehen von Robert van Ooyen, 2., um einen Nachtrag erweiterte Auflage, Tübingen 2019, S. 1–57.

Reine Rechtslehre. Einleitung in die rechtswissenschaftliche Problematik, Leipzig–Wien 1934 (Neudruck mit einem Vorwort von Stanley L. Paulson, Aalen 1985); auch als Studienausgabe, herausgegeben und eingeleitet von Matthias Jestaedt, Tübingen 2008.

Vergeltung und Kausalität. Eine soziologische Untersuchung, Den Haag 1941 [ausgeliefert 1946], (Neudruck mit einer Einleitung von Ernst Topitsch, Wien–Köln–Graz 1982).

General Theory of Law and State, Cambridge/Mass. 1945 (3rd printing 1949).

The Law of the United Nations. A Critical Analysis of Its Fundamental Problems (1950), 4th printing New York 1964.

Was ist Gerechtigkeit? (1953), 2. Aufl., Wien 1975; auch im Reclam-Verlag mit einem Nachwort von Robert Walter, Stuttgart 2000.

Was ist die Reine Rechtslehre?, in: Demokratie und Rechtsstaat. Festgabe für Zaccaria Giacometti, Zürich 1953, S. 143–162.

Foundations of Democracy, in: Ethics 66 (1955), S. 1–101; auch in: Hans Kelsen, Verteidigung der Demokratie. Abhandlungen zur Demokratietheorie, ausgewählt und herausgegeben von Matthias Jestaedt und Oliver Lepsius, Tübingen 2006, S. 248–385.

What is Justice? Justice, Law, and Politics in the Mirror of Science. Collected Essays, Berkeley–Los Angeles 1957.

Reine Rechtslehre. Mit einem Anhang: Das Problem der Gerechtigkeit, 2., vollständig neu bearbeitete und erweiterte Aufl., Wien 1960; auch als Studienausgabe, herausgegeben und eingeleitet von Matthias Jestaedt, Tübingen–Wien 2017.

Staat und Naturrecht. Aufsätze zur Ideologiekritik, mit einer Einleitung herausgegeben von Ernst Topitsch, 2. Aufl., München 1989 (1. Aufl. 1964 unter dem Titel: Aufsätze zur Ideologiekritik).

Demokratie und Sozialismus. Ausgewählte Aufsätze, herausgegeben und eingeleitet von Norbert Leser, Wien 1967.

Allgemeine Theorie der Normen, herausgegeben von Kurt Ringhofer und Robert Walter, Wien 1979.

Die Illusion der Gerechtigkeit. Eine kritische Untersuchung der Sozialphilosophie Platons, herausgegeben von Kurt Ringhofer und Robert Walter, Wien 1985.

Secular Religion. A Polemic against the Misinterpretation of Modern Social Philosophy, Science, and Politics as „New Religions", edited from the estate of Hans Kelsen by Robert Walter, Clemens Jabloner and Klaus Zeleny, Wien 2012.

Zahlreiche Beiträge Kelsens finden sich auch in:

Die Wiener Rechtstheoretische Schule. Ausgewählte Schriften von Hans Kelsen, Adolf Julius Merkl und Alfred Verdross, herausgegeben von Hans Klecatsky, René Marcic und Herbert Schambeck, 2 Bände, Wien u.a. 1968; 2. Aufl., Stuttgart–Wien 2010.

Eine Gesamtbibliographie der Publikationen Kelsens in systematischer, chronologischer und alphabetischer Ordnung bietet der Band:
Robert Walter/Clemens Jabloner/Klaus Zeleny (Hrsg.), Hans Kelsens stete Aktualität, Wien 2003, S. 79 ff., 115 ff., 233 ff.

Seit einigen Jahren erscheint im Verlag Mohr Siebeck eine historisch-kritische, auf mehr als 35 Bände konzipierte Gesamtausgabe der Schriften Kelsens in chronologischer Reihenfolge:
Hans Kelsen Werke (HKW), hrsgg. v. Matthias Jestaedt in Kooperation mit dem Hans Kelsen-Institut, Tübingen 2007 ff. Bislang sind acht Bände erschienen, die den Zeitraum von 1905 bis 1922 umfassen.

Literaturhinweise

Die Literatur zu Hans Kelsens Leben und Werk ist längst unübersehbar geworden. Die folgende Aufstellung erhebt daher keinen Anspruch auf Vollständigkeit oder Repräsentativität. Es handelt sich um eine bewußt subjektive Auswahl unter Beschränkung auf wichtige Monographien und ertragreiche Sammelbände.

Bindreiter, Uta: Why Grundnorm? A Treatise on the Implications of Kelsen's Doctrine, The Hague–London–New York 2002.

Brunkhorst, Hauke/Voigt, Rüdiger (Hrsg.), Rechts-Staat. Staat, internationale Gemeinschaft und Völkerrecht bei Hans Kelsen, Baden-Baden 2008.

Bryan, Ian/Langford, Peter/McGarry, John (eds.): The Foundation of the Juridico-Political. Concept Formation in Hans Kelsen and Max Weber, Abingdon/Oxon–New York 2016.

Bryan, Ian/Langford, Peter/McGarry, John (eds.): The Reconstruction of the Juridico-Political. Affinity and

Divergence in Hans Kelsen and Max Weber, Abingdon/Oxon–New York 2016.

Carrino, Agostino: Die Normenordnung. Staat und Recht in der Lehre Kelsens, Wien 1998.

Dias, Gabriel Nogueira: Rechtspositivismus und Rechtstheorie. Das Verhältnis beider im Werke Hans Kelsens, Tübingen 2005.

Dreier, Horst: Rechtslehre, Staatssoziologie und Demokratietheorie bei Hans Kelsen (1986), 2. Aufl., Baden-Baden 1990.

Dreier, Horst: Kelsen im Kontext. Beiträge zum Werk Hans Kelsens und geistesverwandter Autoren, herausgegeben von Matthias Jestaedt und Stanley L. Paulson, Tübingen 2019.

Ebenstein, William: Die rechtsphilosophische Schule der Reinen Rechtslehre (1938), Frankfurt/M. 1969.

Ehs, Tamara (Hrsg.): Hans Kelsen. Eine politikwissenschaftliche Einführung, Wien 2009.

Heidemann, Carsten: Die Norm als Tatsache. Zur Normentheorie Hans Kelsens, Baden-Baden 1997.

Jestaedt, Matthias (Hrsg.): Hans Kelsen und die deutsche Staatsrechtslehre. Stationen eines wechselvollen Verhältnisses, Tübingen 2013.

Kelsen Revisited. New Essays on the Pure Theory of Law, edited by Luís Duarte d'Almeida, John Gardner and Leslie Green, Oxford–Portland/Oregon 2013.

Korb, Axel-Johannes: Kelsens Kritiker. Ein Beitrag zur Geschichte der Rechts- und Staatstheorie (1911–1934), Tübingen 2010.

Krawietz, Werner/Topitsch, Ernst/Koller, Peter (Hrsg.): Ideologiekritik und Demokratietheorie bei Hans Kelsen, Berlin 1982.

Krawietz, Werner/Schelsky, Hans (Hrsg.): Rechtssystem und gesellschaftliche Basis bei Hans Kelsen, Berlin 1984.

Lippold, Rainer: Recht und Ordnung. Statik und Dynamik der Rechtsordnung, Wien 2000.

Métall, Rudolf Aladár: Hans Kelsen. Leben und Werk, Wien 1969.

Özmen, Elif (Hrsg.): Hans Kelsens Politische Philosophie, Tübingen 2017.

Olechowski, Thomas: Hans Kelsen. Biographie eines Rechtswissenschaftlers, Tübingen 2020.

van Ooyen, Robert Chr.: Der Staat der Moderne. Hans Kelsens Pluralismustheorie (2003), 2., erweiterte Aufl., Berlin 2020.

van Ooyen, Robert Chr.: Hans Kelsen und die offene Gesellschaft (2010), 2., überarbeitete und erweiterte Aufl., Wiesbaden 2017.

Ott, Walter: Der Rechtspositivismus. Kritische Würdigung auf der Grundlage eines juristischen Pragmatismus (1976), 2., überarbeitete und erweiterte Aufl., Berlin 1992.

Paulson, Stanley L./Walter, Robert (Hrsg.): Untersuchungen zur Reinen Rechtslehre. Ergebnisse eines Wiener Rechtstheoretischen Seminars 1985/86, Wien 1986.

Paulson, Stanley L./Stolleis, Michael (Hrsg.): Hans Kelsen – Staatsrechtslehrer und Rechtstheoretiker des 20. Jahrhunderts, Tübingen 2005.

Thienel, Rudolf: Kritischer Rationalismus und Jurisprudenz. Zugleich eine Kritik an Hans Alberts Konzept einer sozialtechnologischen Jurisprudenz, Wien 1991.

Tur, Richard/Twining, William (eds.): Essays on Kelsen, Oxford 1986.

Uecker, Stefan: Vom Reinheitspostulat zur Grundnorm. Logik und Methode der reinen Rechtslehre Hans Kelsens, Berlin 2006.

Walter, Robert: Der Aufbau der Rechtsordnung. Eine rechtstheoretische Untersuchung auf Grundlage der Reinen Rechtslehre (1964), 2. Aufl., Wien 1974.

Walter, Robert: Hans Kelsen – Ein Leben im Dienste der Wissenschaft, Wien 1985.

Walter, Robert: Hans Kelsens Rechtslehre, Baden-Baden 1999.

Walter, Robert (Hrsg.): Untersuchungen zur Reinen Rechtslehre II. Ergebnisse eines Wiener Rechtstheoretischen Seminars 1988, Wien 1988.

Walter, Robert/Ogris, Werner/Olechowski, Thomas (Hrsg.): Hans Kelsen: Leben – Werk – Wirksamkeit, Wien 2009.

Weinberger, Ota/Krawietz, Werner (Gesamtredaktion): Reine Rechtslehre im Spiegel ihrer Fortsetzer und Kritiker, Wien–New York 1988.